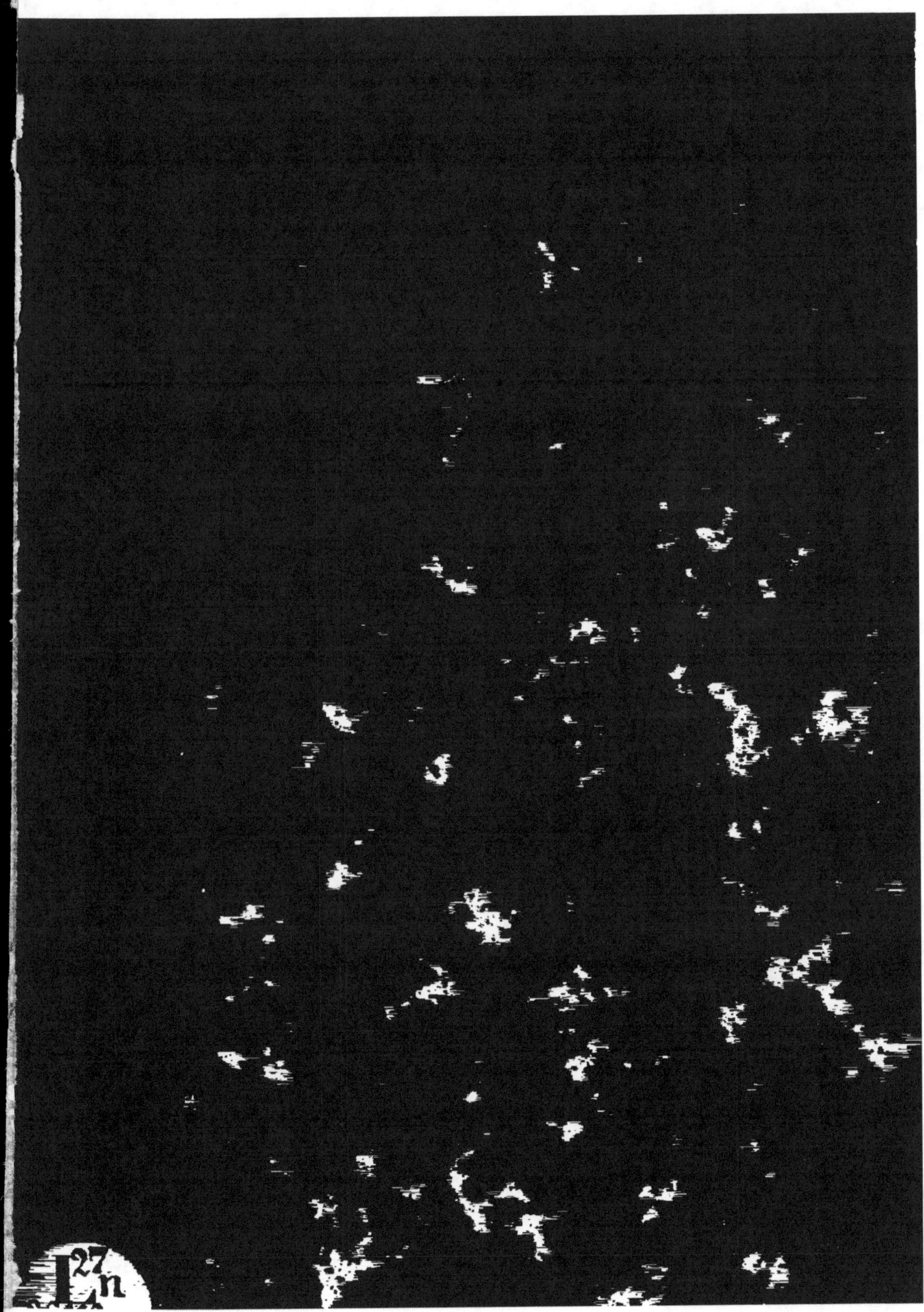

RENTRÉE

DE LA

CONFÉRENCE DES AVOCATS DE MARSEILLE.

DISCOURS

PRONONCÉ LE 7 JUIN 1871

à la séance solennelle de rentrée

DE LA

CONFÉRENCE DES AVOCATS DE MARSEILLE

PAR

Me JULES CAUVIÈRE

Avocat, Docteur en Droit

Imprimé en vertu de la délibération du Conseil de Discipline
de l'Ordre, en date du 8 juin 1871.

BERRYER

SA VIE JUDICIAIRE.

MARSEILLE

TYPOGRAPHIE MARIUS OLIVE

RUE SAINTE, 39

1871

BERRYER

SA VIE JUDICIAIRE

DISCOURS

prononcé à la séance de rentrée de la Conférence des Avocats
de Marseille (année 1870-1871).

Monsieur le Batonnier,

Messieurs,

Un jour que M. Berryer, dans un des rares écrits échappés
de sa plume, se prit à retracer les vicissitudes historiques
du barreau, arrivant à l'époque où l'entraînement du prosélytisme novateur dépeupla le temple de la Loi pour couvrir la
place publique de tribuns improvisés, le zélateur jaloux des
traditions écrivait : « Comme il n'y a plus de respect pour
rien, le barreau descend de son piédestal sacré, et vient à
son tour, comme un simple acteur, prendre part au drame
enivrant de la Révolution. On entend partout sa voix au
milieu de la tourmente : la tribune lui est ouverte. Mais

gloire à ceux qui bornent leur ambition à la défense ! Ils ont
conservé les mœurs antiques ! »

L'homme illustre et regretté qui s'exprimait ainsi, à l'apo-
gée même de ses triomphes de tribune, jetait-il en souvenir à ses anciens confrères un compliment murmuré
des lèvres, ou plutôt n'adressait-il pas, dans les préférences
de son âme, l'hommage sincère du regret à cette profession, qui avait posé le premier degré de sa fortune, et
acheminé son jeune talent à d'éclatantes destinées? Pour
l'intime confident des pensées de Berryer comme pour
l'homme de loi vraiment pénétré de son ministère, le doute,
croyons-nous, n'est pas longtemps possible. Nul doute, en
effet, que ce témoignage d'admiration publique ne corres-
pondît à une secrète prédilection de l'avocat pour la carrière,
dont l'image lui était, tout enfant, apparue sous l'em-
blème des honneurs rendus à son respectable père, et où il
avait pu, devenu homme fait, apprécier chez tant d'austères
praticiens, l'esprit de tradition, le travail pur de visées ambi-
tieuses, la confraternité et le désintéressement dans les ar-
deurs mêmes du combat. Sous l'empire de ces réflexions,
le biographe de Berryer obéirait, en quelque sorte, à
l'inspiration du maître, en décomposant en deux parts
la vie de celui-ci : d'un côté, son existence politique,
longue d'un quart de siècle au plus, et qu'il a remplie de
gestes héroïques : nous n'avons pas mission pour les redire
ici ; d'autre part, sa vie plus intime, plus personnelle, si l'on
peut dire, cette existence *professionnelle* du barreau, qui
fut le théâtre de ses premières armes, l'asile de ses derniers

combats, l'expression quotidienne et abandonnée de son caractère, comme aussi la mesure la plus autorisée de son talent, que la critique n'ose juger sur la foi des irritations ou des enthousiasmes politiques.

En abordant aujourd'hui, sous le point de vue purement professionnel, l'éloge d'un homme qui a jeté sur notre ordre l'éclat semi-séculaire de sa probité, de son génie, nous ne craignons pas la défaveur d'un partage inégal. Dans une Conférence d'avocats, l'intérêt qui s'attache au barreau tiendra toujours la première place. Ajoutons que la personnalité éminente de Berryer doit également avoir un rang à part dans nos sympathies, à consulter, non plus notre amour-propre corporatif, mais encore, mais surtout notre patriotisme local. Sans doute, il a offert le type général de l'éloquence judiciaire à notre époque, et son panégyrique, à ce titre, appartient à tous les barreaux; mais il nous revient, à nous, Marseillais, par les droits d'une sorte de paternité adoptive. Quelque désir que l'on ait, en effet, d'ôter à cette étude impartiale et neutre toute physionomie d'hommage politique, on ne saurait oublier le lien qui unit, pendant tant d'années, le représentant de Marseille à la ville qui se plut à confondre cette gloire avec la sienne. Ce pacte glorieux, que la mort seule a pu briser, était rappelé, non loin de cette place, par les anciens mêmes de notre Ordre au convive fêté du banquet de 1864. Il n'y a nulle témérité à y revenir après eux. A n'envisager que l'intérêt de l'éloquence, ne devrions-nous pas nous réjouir encore d'avoir procuré à une pareille voix le théâtre retentissant de la tribune? ne devrions-nous pas enregistrer avec orgueil le riche et nouveau butin que l'Art a fait, grâce à nos votes? Telle est la pensée, supérieure à l'esprit de parti, qui fondra d'un métal venu de mains diverses la statue destinée à perpétuer la reconnaissance du Midi. Tel est le sentiment patriotique, qui a mû notre Conseil de discipline, lorsqu'il a demandé l'érection du monument, depuis si longtemps projeté, sur la place même du Palais de Justice, en face de notre Tribunal, comme un hommage plus significatif encore à l'exemple donné par l'avocat de conviction intègre, par l'apôtre constant des justes droits, sous quelque aspect que son intelligence les conçût.

Ce n'est donc pas pour la thèse, Messieurs, c'est pour l'expositeur qu'on vous demande grâce. Sous le feu de la guerre étrangère et des conflagrations civiles, le calme et les loisirs sont rares pour l'étude. La défaveur des temps a ajouté pour nous à la témérité du choix d'un tel sujet. Aussi nous a-t-il paru qu'une analyse historique de plaidoyers partout vantés, mais incomplétement connus, offrirait un double avantage. Elle éviterait l'écueil d'un éloge épuisé, en même temps qu'elle rachèterait notre infériorité trop évidente, si l'on compare cet essai aux travaux mûris de nos devanciers. Dans le nombre, il en est un qui s'offre naturellement au souvenir par l'analogie de la forme biographique et du sujet. Les témoignages d'universelle estime que vous prodiguâtes jadis à l'heureux *portraitiste* de Guillaume du Vair, me font espérer de votre part quelque prévention sympathique pour une biographie, plus curieuse peut-être, mais confiée à

de moins bonnes mains. Puissent les quelques débris *res-*
titués de cette eclatante parole ne pas faire trop de tort
à notre froid encadrement ! Pour la première fois Berryer
aurait porté malheur à ses disciples.

La première manifestation critique de l'esprit du jeune
avocat est relative à une anecdote, que son père a jugée assez
plaisante pour la consigner dans ses *Souvenirs*. La famille
Berryer se trouvait à Blois, fuyant la persécution loin de
Paris terrorisé. M. Berryer père, avocat distingué, sectateur
assidu de l'audience, y avait conduit son fils, âgé de deux
ans et demi. Début un peu prématuré ! Un avocat tourangeau
plaidait, sur un ton faux et monotone. Ce sont misères du
métier. L'enfant patienta longtemps, mais sa précocité fut
à la fin vaincue. Attirant à lui avec désespoir la robe de sa
mère : « Maman! s'écria-t-il, je veux partir, cela m'ennuie. »
La voix aiguë vibra dans la somnolente atmosphère, et fit
tressaillir soudain le harangueur, qui s'oubliait. Le président, homme d'esprit, saisit l'incident à la volée : « Avocat,
dit-il, vous pouvez vous rasseoir ; la *cause est entendue !* »

Tel fut ce jugement, porté par la bouche d'un enfant, et
que ne dédaigna pas de s'approprier la sagesse grisonnante
des juges. Nous ne verrons pas dans ce fait, selon la mode
des auteurs, un symptôme hatif de maturité, mais tout au
plus une épreuve infaillible de vocation. Il a souvent suffi
d'une impression d'enfance pour dégoûter du Palais de vul-
gaires aspirants !

Nous ne remonterons pas ici le cours entier des années
de Berryer. Nous ne demanderons pas aux souvenirs

de sa vive et pieuse enfance les présages trop incertains
d'un avenir encore confus. Nous ne le suivrons pas, aux
jours plus mûrs de son adolescence, sous ces hauts ombrages
de Juilly, habités par des instituteurs doux et graves, dont
un de nos plus distingués confrères nous rouvrait naguère
la tombe et ravivait le souvenir (1) L'écolier, sur la fin de
ses jours, gardait encore un culte filial pour ses vieux
maîtres, témoin ces lignes émues que nous trouvons dans
sa correspondance : « Sa vie, écrivait-il de l'un d'eux,
fut selon l'esprit de cette Congrégation de l'Oratoire où,
nous dit Bossuet, une sainte liberté faisait un saint engage-
ment, où toute l'autorité était dans la douceur, où le respect
s'entretenait sans le secours de la crainte. »

Ce genre d'anecdotes intimes, souvent mal rappor-
tées, éclairerait d'instructives lumières le développement
de tant d'esprits d'élite que le monde admire de loin, sans
soupçonner les épreuves et le travail qui ont concouru à
les former. Les anciens suppliaient la fleur de ne pas éclore
trop vite. M. Berryer donna des fleurs tardives, mais son
ardeur à l'ouvrage et ses succès furent sans rivaux comme
son génie. Il acheva et reprit ses études classiques sous la
direction d'un savant humaniste, de Guerle, et ce second
noviciat dont un autre orateur contemporain, M. Royer-
Collard, et Cicéron, bien avant eux, avaient sagement
su s'appliquer la contrainte, fixa et féconda chez lui les
premières semences, échauffa son imagination, imprima à
son élocution ces tours majestueux et simples, ces formes

(1) M. Ludovic Legré, *Disc. de récept. à l'Académie de Marseille.*

empruntées de l'antique, qu'une lecture assidue de Bossuet
entretint toute sa vie. Il entreprenait en même temps, sous
la direction de maîtres éminents , le minéralogiste Haüy
entre autres, les travaux les plus variés. Sciences exactes,
physique , anatomie comparée, minéralogie , il touchait à
tout, il embrassait toutes choses; il dévorait les cours avec
l'avidité fiévreuse d'un esprit longtemps inactif. Il acquit
de la sorte cette universalité de connaissances que Quin-
tilien recommandait déjà aux *stagiaires* de son temps.
Il y contracta les habitudes d'un esprit clair, étendu et
pratique, qu'il porta dans tous les sujets, et jusque dans le
dédale, embrouillé parfois à dessein, des discussions budgé-
taires. Talent trop négligé par les hommes d'inspiration de
nos jours et porté si loin par lui que, seul peut-être entre
tant d'orateurs, il ne prêta jamais le flanc à une inculpation
d'erreur matérielle, et reçut aussi ce témoignage des hommes
spéciaux, de n'avoir jamais, dans les questions techniques,
ni provoqué, ni soutenu aucun projet désorganisateur (1).
Enfin, son éducation juridique fut dirigée par un ancien
député à la Constituante, ce vieux M. Bonneman, dont il se
surprit, à la tribune, un jour, dans un moment d'éloquente
expansion , à prononcer le nom uni à celui de son vénéré
père (2). De fortes études théoriques, jointes à un stage de
trois ans parmi les dossiers de procédure, ouvrirent son
esprit au monde des affaires, développèrent promptement
en lui une aptitude singulière aux litiges commerciaux,

(1) A. de Kerdrel. *Journal de Rennes.* (1er déc. 1868.)
(2) *Disc. sur la Révision de la Constitution.* (16 juillet 1851.)

et lui donnèrent enfin ces bases pratiques du savoir sur lesquelles il devait, à l'exemple d'O'Connell, dresser le monument de sa grande éloquence. Les procès-verbaux de 1789 en furent l'inspiration et le point de départ.

Une circonstance mémorable marque la date de son avénement à la célébrité. C'était à la barre de la Chambre des pairs. Le jeune avocat, assis entre son père et Me Dupin, déjà en renom, venait disputer aux vindictes légales une illustre et malheureuse tête, celle d'un maréchal « trois fois oublieux de ses serments. » Quels hommes poussèrent alors avec le plus d'emportement à une justice impitoyable ? Les annales contemporaines ont recueilli leurs noms, comme elles ont aussi relaté leur significative histoire. Elles ont dit que ces rigides conseillers, obéissant à l'impulsion d'un personnage méprisable, l'ancien conventionnel Fouché, ne furent, parmi les défenseurs du trône restauré, ni les plus vieux en date, ni les plus constants en dévouement. La justice du roi, plus miséricordieuse, parut dès l'abord préoccupée de sauver les jours de Ney, en renvoyant la connaissance de son crime à un conseil de guerre qu'eût présidé le maréchal Moncey. Le soldat inconsidéré refusa, pour un crime militaire, la seule juridiction capable de compâtir à son égarement, de tout pardonner à ses hauts faits. Le déclinatoire qu'il s'obstina à opposer frappant le tribunal d'incompétence, eut pour résultat d'évoquer la connaissance de l'affaire devant la Chambre haute, au jugement de ses pairs, comme il disait, persuadé que l'accroissement numérique des juges ménageait des chances sérieuses à un acquittement. Entêtement crédule ! Messieurs , confiance aveugle et insensée dans un corps politique constitué juge, et dont rien ne devait désarmer l'indignation froide et raisonnée ! De là vint la sentence fatale. De là vint , que des pairs comme Chateaubriand, « qui n'était certes pas un homme cruel (1), » dit M. de Barante , n'hésitèrent pas à s'armer du glaive répressif. En dépit de tous les efforts, nonobstant la logique de M. Dupin , dont l'argumentation essuya d'ailleurs de compétentes censures, malgré les éloquentes supplications de M. Berryer père, le défectionnaire, déclaré traître, fut condamné à mort. L'arrêt une fois rendu, les exigences de la politique européenne ne permirent pas au roi d'user du droit de grâce. Il ne paraît pas, dans les comptes-rendus de l'époque, que le jeune Berryer ait prononcé aucun discours. Mais les mécontents se plurent à répéter l'apostrophe célèbre : « Vous ramassez les vaincus sur le champ de bataille pour les porter à l'échafaud ! »

D'autres débris de nos luttes civiles vinrent , à la même époque, chercher protection sous cette éloquence hospitalière. Les succès gradués qu'elle obtint donnent la mesure du crédit dont jouissait déjà le débutant de la veille. C'est à l'influence, sinon de ses discours, du moins de ses démarches, c'est à sa noble intercession, au désir que l'on eut d'honorer son caractère, qu'il dut de conserver les jours du maréchal de camp Debelle. La justice militaire avait frappé cet officier d'une sentence capitale ; mais la clémence équitable du roi se laissa gagner en faveur du condamné. « Je vous le promets,

(1) Vie de M. Royer-Collard.

avait répondu le duc d'Angoulême au pressant solliciteur,
le roi lui fera grâce ; oui, M. Berryer, il aura son pardon,
car il n'a pas combattu contre la France , mais seulement
contre moi (1). » Nobles paroles, qui faisaient pressentir
une mesure généreuse ! La peine fut en effet commuée en
dix ans de détention.

Les étapes de gloire du jeune avocat allaient se succédant
aussi rapidement que les poursuites. L'audience résonnait
encore du procès de Debelle, lorsque, quatre jours plus tard,
la justice amenait aux pieds de ses ministres une nouvelle
victime de ces temps, « où la grande difficulté , a dit un
sage (2), n'est pas de faire son devoir, mais de le connaître. »
Le général Cambronne, auteur à Waterloo, non d'un mot,
mais d'un trait héroïque, venait répondre de sa participation
à la criminelle entreprise du 20 mars. L'avocat monarchiste
pouvait librement parler, fort de l'autorité d'un dévoûment
connu. Il tira habilement parti de cet avantage, et posa
devant les juges cette thèse trop hardie, que l'illustre accusé,
resté lieutenant de l'empereur dans le petit Etat de l'île
d'Elbe , avait dû accompagner son général, à qui le traité
de Fontainebleau conférait formellement le titre et les droits
de Souverain. Ce fut là une première saillie de cette indépendance de parole, que M. Berryer , sans en faire étalage,
sut toujours se réserver , et qu'il fit éclater bientôt dans de
graves affaires , sans hésiter à blesser les susceptibilités

(1) *Biographie de M. Berryer*, par Germain Sarrut et Saint-Edme, p. 22 —
Paris, 1839.
(2) M. de Bonald.

d'un trône ami. Mâle instinct de droiture, qui désarma toujours les adversaires généreux, et recueillit, par la suite
des temps, l'hommage de tous les partis, au fur et à mesure
que les revirements du sort les confondirent dans les rangs
de sa princière clientèle !

Le point de droit nettement établi, le défenseur faisait
appel à d'émouvants souvenirs. *Scire mori, sors prima
viris.* Il couvrait du bouclier de cette fière devise le héros
de tant de batailles. Il passionnait au tableau d'une épopée
guerrière, il ébranlait aux accents de l'honneur la rude et
franche sensibilité des juges militaires :

« Ah ! surtout, ne perdez point ce souvenir, disait–il en
terminant. Lorsque les vastes mers étaient ouvertes à sa
fuite, il les a traversées pour se livrer lui-même à la justice
de son pays. Déclarerez–vous rebelle celui qui sait ainsi
obéir au péril de sa vie ? Quel cœur français aurait le courage de laisser tomber un si cruel arrêt sur cette tête sil-
lonnée par tant de cicatrices ? Non, la main d'un bour-
reau n'achèvera pas si ignominieusement cette mort, que
mille ennemis ont si glorieusement commencée ! Enfin, pour
emprunter aux livres sacrés une expression qui convient admirablement à notre sujet, non, vous n'immolerez point ce
lion qui est venu s'offrir comme une victime obéissante !... »

Il faudrait tout citer, car le plaidoyer entier est dans ce
style. L'orateur de vingt-six ans arracha d'enthousiasme l'acquittement de l'accusé. Il fit plus. Il appela sur le vieux brave,
devenu rebelle par abus de fidélité, l'attention et la faveur
royale, cette croix de Saint-Louis, qui « paya souvent, selon

un impartial aveu (1), le sang que l'officier avait versé à Austerlitz. »

Dans le concert d'éloges que souleva ce succès, dont le retentissement fut cher au barreau de Paris, le triomphateur faillit recevoir du Conseil même de son ordre une censure inattendue. Le procureur général Bellart, magistrat de pathétique talent et de royalisme rigide, jugea téméraire et presque factieux le système de justification proposé. Il crut devoir, pour la forme d'ailleurs et à l'honneur d'une saine orthodoxie, provoquer la réprimande autorisée des anciens. Mais le Conseil se montra indulgent pour une éloquence qui honora bien plus le Palais et le parti royaliste lui-même qu'elle ne donna d'argument aux séditieux. ·C'est alors que le roi fit montre de son estime, en accordant à l'avocat la grâce de Debelle.

Aux yeux des critiques, du reste, le jeune Berryer ne devait pas tarder à réhabiliter son honneur politique dans une lutte d'une singulière âpreté, et dont nous voudrions ne rien dire, si l'histoire judiciaire n'y était intimement mêlée. Un ministère, à la tête duquel figuraient M. Decazes, l'exévêque Talleyrand, le baron Pasquier, l'ex-abbé Louis, etc., tous serviteurs de l'Empire avant la Restauration, ralliés à Louis-Philippe après elle, hommes qui semblaient prédestinés à rester debout sur· toutes les ruines, attitude du sage, comme on sait,· excitait de vives alarmes parmi les plus anciens amis du roi. Les mesures arbitraires, les exécutions sanglantes, les persécutions pratiquées sous

____

(1) M. de Salvandy. — *Paris, Nantes et la Session.* 1832.

ombre de la loi, signalèrent le passage au pouvoir de ces libéraux sans tolérance, de ces royalistes tard venus, qui semblaient concentrer leurs rigueurs sur les appuis de la couronne. Dans le mécontentement de son âme froissée, M. Berryer n'hésita pas à s'attaquer à des conseillers tout puissants, que semblait revêtir d'une sorte d'inviolabilité la faveur hautement affichée du monarque. Il fit moins acte de talent que de dévouement et de courage, en soutenant la plainte du négociant Chedel contre le comte Anglès, préfet de police, suppôt, disent les contemporains, de Fouché et de Decazes, homme qui traitait la caisse de la police comme sa propriété, et dont les agents inspiraient de l'effroi à tous les citoyens (1). Le mémoire, publié à l'appui de la protestation, était empreint d'un vif accent d'indignation et d'amertume. L'écrivain flétrissait, du haut de son royalisme éprouvé et ami des formes légales, la captivité arbitraire dans laquelle M. Chedel était détenu à la prison de la Force, sur un ordre du ministre de la police Decazes, ordre que M. Anglès s'était empressé d'exécuter (2).

C'était toute une campagne qui venait de s'ouvrir, au barreau comme à la tribune, dans le monde des salons comme dans la presse. M. Berryer fut un acteur, non le moins animé, de cette lutte mémorable, qui provoqua et mit aux prises les talents les plus distingués. Il la soutint de sa parole infatigable, parfois même de sa plume, dans

(1) *La police sous MM. le duc Decazes, Anglès et Mounier*, par Robert ; avril 1821 ; pages 18, 154 et 179.

(2) Germ. Sarrut et Saint-Edme, p. 26.

les colonnes du *Conservateur*, revue d'une durée malheureusement éphémère, rédigée et soutenue par des jour-
nalistes de génie.

L'affaire Charrier lui donna une nouvelle occasion de
dénoncer « le machiavélisme » ministériel. Puis vinrent les
insurrections de Lyon et de l'Isère, et l'hécatombe de victimes ordonnée en expiation. Ce furent alors le tour
des généraux Canuel et Donnadieu, deux bourbonniens
éprouvés, accusés par un dévouement suspect d'avoir fo-
menté un complot contre la personne du Roi, et jetés
à ce titre, avec plusieurs compagnons d'armes, dans les
prisons de la Force et de la Conciergerie. L'ardent adversaire du premier ministre ne se contenta pas de laver
l'honneur de ses clients, resté pur jusqu'à ce moment de
tout soupçon, de toute souillure. Réagissant avec une honnête indignation contre l'accusation elle-même, il interpelle
à son tour l'auteur premier de la poursuite, il le cite à
son tribunal, il le juge, il le condamne; il signale sa
main et ses sourdes menées secondant un complot permanent contre le trône légitime, que l'on aura bientôt
déconsidéré par les rigueurs et perdu dans l'opinion, pendant qu'on l'isole de ses appuis en persécutant les plus
fidèles.

Rien ne peut peindre l'effet de ces catilinaires formidables qu'on lira avec stupeur, mais que nous ne voudrions
pas citer ici. On y verra, dans cette œuvre d'un talent profondément étranger à l'art de feindre, quel *relief* inouï donne
à l'éloquence la haine du mensonge portée jusqu'à la pas-

sion. L'indignation fit ce jour–là l'orateur comme elle fait le poëte. *Facit indignatio versum.*

Ainsi se caractérisaient chaque jour davantage ces retours offensifs, par lesquels l'avocat franchissait hardiment le cercle de la défense et combattait l'accusation en accusant à son tour. Il dessina une fois de plus cette tactique dans sa belle plaidoirie pour les sieurs Rieux de Songy, de Romilly et Chauvigny de Blot, royalistes accusés d'avoir conspiré contre la royauté dans un conciliabule prétendu, où tout, jusqu'au nom, était fantastique, et qu'on appela conspiration du *Bord de l'Eau.* M. de Chateaubriand, que son caractère eût dû défendre, ne put échapper à l'animosité persécutrice de la prévention. Ce n'était que justice, si le procès cachait un plan de représailles. Mais l'inculpé tenait sa plume vengeresse, prête à lui assurer une cruelle revanche au lendemain de l'attentat de Louvel.

Ce régicide, habilement calculé, qui glaça de consternation les espérances monarchiques, détermina de toutes parts, dans les Assemblées comme dans la presse, un retour marqué de faveur pour les mesures restrictives : « J'ai vu le manche du couteau de Louvel, écrivait M. Ch. Nodier ; c'était une idée libérale. » Le ministère de Decazes, accusé par la voix générale d'avoir favorisé, tout au moins de son inertie, l'explosion des passions anarchiques, dut à la fin se retirer devant le *tolle* de l'opinion, et le roi, tout prévenu qu'il était en sa faveur, fut, après quelques vains efforts, obligé de l'abandonner. M. de Chateaubriand, résumant dans un mot historique le jugement murmuré autour de lui, avait porté le dernier coup à la fortune ébranlée du principal ministre : « Le pied, écrivit-il, lui a glissé dans le sang. » Dans le fait, l'affiliation de Decazes à des sectes ténébreuses (1), le mystère qui planait encore sur la révolte de Grenoble, où on l'accusait d'avoir joué le rôle d'agent provocateur, ayant encouragé les insurgés, qui comptaient, selon les termes liturgiques, sur *le salut des patriotes*, confié au soin de *leurs frères impénétrables* (2), diverses anecdotes, ébruitées par les journaux et donnant à supposer que le crime de Louvel, bien loin d'être un acte isolé, était au contraire soudoyé par de hautes influences, toutes ces circonstances, rapprochées par la défiance, interrogées par le soupçon, avaient pris chez des esprits honnêtes la consistance de véritables preuves. M. Berryer était désigné, dit-on, par le Conseil des avocats, en qualité de secrétaire, pour prêter so ministère à l'accusé. Nul doute qu'il ne se fût ouvert, dans sa plaidoirie, une nouvelle issue pour fulminer ses griefs, justifiés par l'événement. Nul doute qu'il n'eût étendu audessus de la tête du criminel le bouclier de responsabilités, plus hautes ! Dans l'émoi des passions, on craignit le retentissement de son éloquence accusatrice. Sur l'intervention de puissants personnages, le royaliste grondeur reçut la consigne du silence (3). C'est tant pis pour le barreau, à qui la politique fut souvent fatale ; nous en trouvons des exemples en des temps plus rapprochés de nous.

(1) *Histoire pittoresque des Sociétés secrètes*, par Clavel.
(2) *La Police sous le duc Decazes*, etc., p. 81.
(3) Germain Sarrut et Edmond Saint-Edme, op. cit., p. 46.

Profitant de cette expérience, Messieurs, je retourne aux causes techniques. Les comptes de Seguin contre Ouvrard, en 1819, présentent éminemment ce caractère. L'animosité des combattants faisait rage, dit-on (1), dans cette affaire. L'audience ressemblait à un champ de carnage. Les coups qui donnent la mort sortaient à tout instant des dossiers chargés à mitraille. M. Berryer, quand vint son tour de se lever, frappa les auditeurs par un contraste saisissant. Au lieu des violences que l'on attendait, on entendit monter, du milieu de cette agitation houleuse, une voix calme et digne, faisant assez comprendre par un ton d'éloquent désaveu, la désapprobation que méritaient de tels excès. Son discours fut un chef-d'œuvre d'urbanité, de tact, de goût. Je ne sais si M. Berryer obtint gain de cause, mais il remporta une victoire plus rare. En entendant sa plaidoirie, le client de son adversaire devenait le sien.

Le lendemain en effet du jour où ces choses se passaient, l'avocat voyait, non sans surprise, arriver dans son cabinet M. Ouvrard. Le riche industriel tenait sous le bras les dossiers relatifs aux marchés faits dans la guerre d'Espagne. « Il y avait de tout dans cette affaire, dit un critique à peu près contemporain, du droit, de la politique, des chiffres, du scandale ; la passion s'était glissée jusque dans Barême. » Dans un genre resté jusque-là étranger à son talent, M. Berryer se révéla par des plaidoiries citées comme des modèles. Ce n'est pas sans surprise qu'on entendit pour la première fois son habile parole dé—

(1) *Biographie de Berryer*, par Eug. de Mirecourt.

brouiller avec une rare lucidité le chaos des opérations fi-,
nancières. Son doigt se posait sans hésiter sur les dates
les plus rebelles. Sa mémoire infaillible embrassait les plus
vastes calculs. Les platoniques amateurs de l'art, habitués à
ne demander à l'orateur que les dons extérieurs de l'éloquence, ne pouvaient assez admirer cette capacité de travaux
arides. Les vanités flâneuses en furent confondues, les jurisconsultes spéciaux y virent une menace de concurrence.
Tous sentiments justifiés par le rang auquel se classa défini-
tivement l'universel orateur, dans une nouvelle plaidoirie
pour le sieur Tourton. D'ailleurs ces succès, dus à l'éton-
nement, n'eurent jamais pour lui leur lendemain habituel,
l'envie. Il eut le rare bonheur de rester à l'abri de ce sentiment qu'il n'inspira pas plus qu'il ne le ressentit. Jamais
supériorité ne se rendit plus pardonnable que la sienne.
Jamais gloire n'offusqua moins la susceptibilité orgueil-
leuse des rivaux.

Les triomphes de Berryer au barreau eurent donc entre
ses confrères le caractère fortuné de fêtes de famille.
Qu'on se rappelle les applaudissements dont ils saluèrent,
dans l'affaire *Drouillard*, à l'occasion d'un personnage vé-,
nérable injustement frappé de suspicion, la magnifique
apologie, jaillie d'inspiration, que l'orateur traçait du
rôle et des vertus du curé de campagne, et aussi sa belle
'invocation, sous le ciel même de Bretagne, aux souvenirs
chrétiens de l'Armorique, à sa foi, à ses mœurs, à sa vierge
et forte race. Cette richesse, cette variété de pinceau, il les
avait déjà déployées à propos de la succession du marquis de

Vérac, pair de France et gardien du château de Versailles. C'est encore là une date de la vie de Berryer. L'attention du monde juridique fut un instant fixée sur ces graves débats, qui éprouvèrent pendant une série de huit audiences la force des organes et la fécondité des talents. Nous n'avons malheureusement pas, pour analyser les discours, l'heureuse abondance de temps qu'eurent les auditeurs pour les entendre. Dans ce rapide itinéraire, force nous est de n'effleurer que les sommets, outrepassant, quoique à regret, les chefs-d'œuvre secondaires.

Ce n'est pas seulement le retentissement oratoire des débats, mais encore l'horreur tragique du crime qui a prolongé jusqu'à nos jours l'écho du procès Castaing. Ce praticien, accusé d'empoisonnement accompli sous le couvert de son ministère médical et par un étrange abus de la confiance qu'il inspire, fut défendu, contre ces charges émouvantes, avec une verve de talent surexcitée par la grandeur même de l'obstacle. Nous ne rapporterons pas l'anecdote douteuse, aux termes de laquelle Castaing aurait avoué son crime à l'oreille du défenseur, peu avant la plaidoirie. Celui-ci, embarrassé de cette confidence et cherchant un biais dans sa conscience, serait parvenu peu à peu, en s'animant, à prendre lui-même le change sur la portée de la révélation, et alors, marchant soutenu de sa conviction première, aurait magnifiquement rajusté son rôle, éclatant, pleurant, s'indignant tour à tour, adjurant la justice avec une émotion sincère d'épargner l'innocence, de sauver les jours et l'honneur du malheureux Castaing. En supposant l'aveu prouvé, nous préférons croire que Berryer, dont le génie ne s'allumait qu'au foyer de la vérité et du bon sens, porta seulement l'effort de sa consciencieuse plaidoirie sur l'invalidation des preuves invoquées. Le grand jurisconsulte savait en effet l'adage de droit universel, mis en cours depuis si longtemps par la jurisprudence canonique et scrupuleusement observé par la magistrature anglaise, savoir que l'accusé doit être absous, si la conviction des jurés n'est entièrement basée sur les preuves fournies au débat. La péroraison de son discours encadre une de ces belles pensées que l'orateur rapportait avec goût de l'étude des vieux monuments :

« Une dernière considération, messieurs, et c'est par elle que je dois finir. Avant de prononcer une sentence terrible, permettez que je vous rappelle ces mots qu'un de nos rois justement célèbre (1) adressait aux magistrats de son royaume : « Toutefois, en ce qui touche les juges, quand Dieu ne leur a point donné le parfait éclaircissement d'un crime, c'est une marque qu'il ne veut pas les en faire juges et qu'il en réserve la décision à son suprême Tribunal. »

Après l'affaire Castaing vient, dans l'ordre des dates, une série de procès faits aux journaux. D'un médecin empoisonneur à la presse, la transition paraîtra plaisante. Notre excuse est dans la chronologie. Sans faire donc aucune allusion aux effets vénéneux de la parole écrite, souvent infidèle à son rôle de *médecine de l'âme*, selon l'étiquette optimiste d'un Ptolémée d'Alexandrie, disons seulement que Berryer ne crut pas se charger du dossier d'un criminel en prenant la

(1) Henri IV.

défense de Michaud. M. Michaud, littérateur distingué, proscrit sous la Révolution pour sa constance monarchique, essuyait alors, sous le Gouvernement de ses préférences, les tracasseries d'un zèle aveugle et trop oublieux de ses services. Les conseillers mal inspirés de la poursuite voulaient faire évincer le vieux publiciste de la possession provisoire de son journal *la Quotidienne*. En même temps, l'accaparement des actions de cette feuille entre les mains d'un prête-nom changeait l'influence dirigeante et débarrassait les gouvernants des saillies d'un dévouement importun ! M. Berryer fit échouer ce plan d'étouffement.

« Si, ce qu'à Dieu ne plaise ! s'écria-t-il, la Révolution devenait triomphante, ce serait M. Michaud qui serait seul puni, comme ayant seul dirigé l'opinion de *la Quotidïenne*. On ne s'adresserait qu'à lui, et non à ceux *qui achètent des opinions et qui ne savent pas les défendre.* »

Ce mot cruel, souvent cité, posa dès lors l'avocat comme un des défenseurs de la liberté de la presse, qu'il ne patronna pourtant jamais sans exception. Il sembla, plus tard, il est vrai, sous la monarchie du 7 août, exagérer ses doctrines, mais ce fut alors sans nier les orages qu'il provoquait, et en les réclamant en quelque sorte comme une déduction logique de la Charte et une revanche de Juillet.

Des antipathies aussi mal fondées avaient amené un an auparavant, à la barre correctionnelle, le procès du *Drapeau Blanc*, avant-garde habituelle de *la Quotidienne*. Berryer avait encore brillamment défendu cet organe belliqueux, où le royalisme renvoyait à l'opposition ses quolibets, repassés au tranchant de l'esprit de Martainville. Son crime était d'avoir parlé *d'une politique tortueuse qui, par des moyens secrets, ménageait et protégeait les traîtres* (1). Les ministres se lavèrent sans doute du reproche de choyer les ennemis du roi. — Ce qu'il y a de certain, c'est que rien de pareil ne leur fut reproché à l'égard des royalistes. Le zèle de ces derniers s'épurait à travers les épreuves, substituées pour eux aux appâts de l'intérêt. Une sotte immixtion dans les controverses religieuses donna bientôt à ces persécutions des apparences de martyre.

M. de Lamenais, le plus éloquent apologiste à ce moment de l'Eglise de France, fut cité à comparaître devant la justice du pays pour la seconde partie de l'ouvrage intitulé : *De la Religion considérée dans ses rapports avec l'ordre politique et civil.* Son écrit, plein de fougue et d'éclat, tendait à substituer à l'édifice croulant de l'ancien gallicanisme, un système hardi de reconstruction, qui eût fait à l'Eglise, dans ses rapports avec l'Etat, une place libérale. Le jeune clergé de France, assez peu soucieux des vieilles maximes d'Etat et de leurs libertés sournoises, sentant bien que le côté d'où part constamment le danger et le besoin de garanties est le despotisme incrédule des couronnes, se groupa comme d'instinct autour de l'émancipateur ortho-doxe. Le tort de celui-ci était dans des exagérations de forme plus que de fond. Il édictait avec une verdeur un peu âpre de style des doctrines restées encore sans définition

(1) Juillet 1823.

dogmatique. Il opposait, sous une inspiration vraiment populaire et pour d'extrêmes conjonctures, le tribunat politique de Rome aux abus tyranniques des Rois, suppléant par
ce haut arbitrage à l'incertitude et aux dangers du jugement porté par les sujets sur leurs propres différends. Cette
intervention du Pouvoir spirituel, fidèle encore à son rôle
enseignant, en prononçant, dans tel cas donné, non la dé-
position mais l'indignité du Souverain, en déclarant le peuple menacé franc envers lui d'obéissance, cette conception
s'offre à nous consacrée par le prestige d'imposants souvenirs. Un publiciste (1) supérieur en avait, vingt ans auparavant, rajeuni la formule. Elle avait rencontré pour apolo-
gistes et pour soutiens, dans les rangs protestants eux-mêmes,
l'historien Hürter et le métaphysicien Leibnitz (2). Il ne lui
manquait, comme le démontrait Berryer, ni la recomman-
dation des Pères, ni les suffrages de Sorbonne, ni l'assen-
timent de Fénelon (3), ni celui, plus saisissant, de Bossuet.
Il était donc bien moins audacieux d'enseigner cette thèse,
que vexatoire et illégal de la punir. M. Berryer montra fort
bien que la déclaration de 1682, quelque penchant rétros-
pectif que l'on ressentit pour elle, ne pouvait plus être
sanctionnée par des peines d'Etat, après l'œuvre terrible de
la Révolution, qui avait balayé l'ancien régime, au lendemain des articles organiques, qui faisaient bon marché de la

(1) J. de Maistre, *in op. le Pape*.

(2) Voir *Exposition de la Doctrine de Leibnitz*, par M. Emery.

(3) Voir d'admirables développements dans le livre *De summi Pontif. aucto-
ritate*, cap. **XXVII** Œuvres de Fénelon, tom. II. p. 333. 336, 337 et 384. Edit. de
Versailles.

législation ancienne, sous l'empire enfin d'une charte, qui consacrait le droit de libre discussion. Ce droit, chaque jour pratiqué par les critiques dissidents, et dissidents jusqu'à l'athéisme, ne pouvait être refusé, par privilége d'injustice, aux catholiques seuls, sous peine de rendre l'édit de Louis XIV plus inviolable en quelque sorte que la religion d'Etat, au sort de laquelle il se liait.

Cette forte argumentation fut goûtée même au-delà des Alpes, grâce à la traduction partielle qu'en fit une noble admiratrice, la comtesse Riccini. L'avocat obtint du bon sens des juges, sinon un succès d'acquittement, du moins un *bill* d'absolution plus significatif encore. Le prêtre illustre et courageux fut simplement frappé d'une amende de 30 fr., condamnation dérisoire, qui ne parut reconnaître la loi que pour en ridiculiser l'anachronisme. L'amitié du défenseur et du client, déjà ancienne et cordiale, se resserra encore par le lien du service accepté et rendu. Ce sentiment se transforma plus qu'il ne s'éteignit dans l'âme de Berryer, lorsque l'éclat d'un schisme hautain eut changé pour son cœur d'ami les espérances en mécomptes. Invariablement attaché à des croyances longtemps partagées, il regarda son compagnon, qui s'éloignait, descendre par degrés dans l'isolement et dans le doute. Mais sa pitié le suivit en même temps que ses censures, et parfois l'affection reparut où s'était depuis longtemps évanouie l'estime.

Une autre occasion judiciaire se présentait à peu de temps de là pour l'orateur, d'affirmer son point de vue sur la liberté du prosélytisme religieux. Ce fut sa réserve en cette occurrence, réserve fort expressive et commentée par les écrits du temps, qui traduisit sa profession de foi. Les héritiers La Châlotais attaquèrent en diffamation le journal l'*Etoile*, à l'occasion d'un article injurieux, disaient-ils, pour leur auteur, à qui l'on reprochait sa coopération, en qualité de procureur-général au parlement de Rennes, à l'œuvre d'expulsion d'un célèbre Institut. M. Berryer plaida la bonne foi du magistrat ; il développa la thèse juridique, que les héritiers étaient fondés à demander réparation en leur propre nom, la diffamation descendant de leur auteur à eux et les atteignant par contre-coup. Quant à apprécier le fait historique lui-même, l'avocat s'en abstint avec un soin jaloux, et ses réticences, fort éloquentes à ce qu'il semble, furent remarquées par le public du temps, qui y vit le désaveu des fameux *Comptes-rendus* (1). Cette nuance se peignit mieux encore par un contraste d'attitude, quand on entendit les diatribes de l'avocat breton qui l'assistait. A ce dernier firent écho l'enthousiasme et les passions de l'audience ; à M. Berryer les murmures de 'opposition désappointée et le sourire épigrammatique du public. Son embarras en effet avait été visible. Après s'être longuement efforcé de séparer la liberté de discussion des procédés de polémique, il avait, sous prétexte ou à dessein d'appuyer par des exemples ses artificielles distinctions, jeté dans le débat nombre de documents conformes pour le fond aux appréciations de l'*Etoile*, et préparé par là non moins de difficulté à son collègue que

(1) Biographie Rabbe. — *It*. Arm. Marrast, *Notice sur Berryer*.

d'allègement à son rival. Tancé avec quelque dédain par le Cicéron rennois, qui ne le valait pas, il eut encore à subir la charmante ironie d'un talent aujourd'hui peu connu, fort desservi par la sténographie, M⁰ Hennequin, qui cachait sous un aspect obèse un intarissable et merveilleux esprit. Après avoir passé les plaidoiries adverses au creuset d'une malicieuse analyse, dont un rire continu approuvait tous les traits, l'habile polémiste, à qui tous les tons étaient familiers, aborda avec vigueur la question historique, puis la question proprement légale, et sortit en définitive du débat rapportant le déboutement des plaignants. M. Berryer se consola bien vite, sachant qu'il cédait l'honneur de la journée à un homme dont les triomphes lui étaient chers, et en qui il honorait un noble ami, un oracle imposant de ses principes. La pente de leurs idées les faisait alliés d'ailleurs et ne devait pas tarder à rapprocher leurs efforts contre les passions intolérantes qui préparaient, à deux ans de là, de nouveaux actes de rigueur, en préconisant un passé mort en apparence, mais dont M. Berryer avait senti le danger de réveiller les souvenirs.

Ces traditions sagement libérales, puisées dans les exemples de ses illustres maîtres sous la Restauration, l'éminent avocat les perpétua durant sa vie entière. C'est ainsi qu'il prit part, plus de vingt ans après, à la consultation célèbre rendue à l'occasion des mesures annoncées contre les associations religieuses, et où nous trouvons son nom glorieusement uni à ceux de jurisconsultes, éminents pour la plupart, MM. Pardessus, de Vatismesnil, Béchard, Gaudry.

Demaute, Mandaroux-Vertamy, Fontaine, S. Gossin, Lau-
ras, de Riancey. Ce rôle d'avocat d'office, il le portait encore à la tribune, quand il s'agit de conjurer l'avènement
de décrets illégaux, qu'on promettait pour toute garantie
d'appliquer avec mesure (1). « ... Depuis trente ans, dit-il ⸗
en débutant, dans toutes les questions de politique, de
religion, de liberté, parlant à voix haute, au barreau comme
à la tribune, il ne m'est pas arrivé un jour, depuis le pied
de l'échafaud où j'ai voulu ravir des victimes, jusqu'au tribunal qui les juge dans le for de la conscience, jusqu'à cette
tribune où nous allons délibérer, il ne m'est pas arrivé un
jour de dire autre chose que ce que je vais dire devant
vous, que ce que je vais vous exprimer avec franchise. »

Le témoignage que le noble orateur se rendait, au milieu
d'une sensation constatée par le procès-verbal, est précieux
à reproduire à bien des titres. Il éclaire, dans l'intérêt de la
vérité biographique, les sentiments intimes de sa vie, sentiments qu'on eût pu méconnaître sur la foi de certaines
publications plus ou moins intégralement émanées de sa
plume. Il est, dans nos jours de violence, un exemple autant
qu'une leçon. Il place enfin sous le couvert de sa constante
autorité et de sa protection posthume cette liberté de la
prière et de la foi, que sa parole vivante ne laissa jamais
péricliter.

Dans le même ordre de revendications légales nous devons
mentionner une consultation fortement motivée, délibérée
de longues années auparavant, et sous la Restauration

<hr>

(1) Séance du 3 mai 1845 — Voir aussi son *Disc. de récépt.* à l'Acad. franç. ⸗

encore, contre l'ordonnance qui soumettait les petits sémi-
naires à l'inspection de l'Université, extension abusive d'un
monopole qui est déjà un abus !

Ces occasions d'affirmer ses doctrines, que fournis-
sait par intermittence à M. Berryer le cours irrégulier
des litiges privés, il allait les retrouver multipliées sur
un plus vaste théâtre, à la tribune, dont l'accès lui fut
ouvert, à cette époque de cens électoral, par l'acquisition
du château d'Augerville, fruit d'une patriotique cotisation
de ses amis. Avocat au Corps législatif, comme il avait été
orateur politique à la barre, portant à tous les siéges son
genre habituel d'éloquence, le talent généralisateur, l'amour
de la légalité, M. Berryer ne parut faire que changer de
clients, ayant désormais en main la cause, non plus des
individus, mais des principes. La diversion absorbante que
lui suscita ce nouveau rôle allége d'autant le poids de notre
récapitulation. Le grand avocat ne reparut guère au Palais
que par intervalles, grand sujet de désolation, nous disent les
contemporains(1), pour les avoués de l'époque. Ne doutons
pas que les avocats n'aient éprouvé le même sentiment,
comme des successeurs généreux, qui pleurent le défunt en
partageant son héritage. Pour nous, génération tardive, le
regret est encore moins compensé et la privation plus sensible. Par combien de modèles perdus nous faudra-t-il éva-
luer le silence judiciaire de Berryer?

Une circonstance tragique va naître, un débat mémorable s'ouvrir, où l'on regrette surtout l'absence du grand

____

(1) *Revue de Paris.* — Voir Germ. Sarrut, etc., p, 209.

orateur au banc de la défense. Ce fut cette fois encore la politique, mais entendue au sens des susceptibilités privées, qui l'en aurait retenu éloigné (1). La mise en accusation des ministres de Charles X, devant la Cour des pairs, fut un jour de deuil pour la justice, mais un jour de triomphe pour l'art oratoire. Quel contemporain se le rappelle sans attrait? Qui d'entre nous, ému à la sim- ple lecture, n'a ranimé par l'imagination ces débats historiques, qui n'honorèrent pas moins l'équité juridique du barreau que son génie, sa probité que ses lumières? Qui n'a senti croître l'estime de la robe, en voyant cette ligue de talents disputant la tête des vaincus aux représailles masquées sous les formes légales? Qui n'a entendu, par illusion d'admiration du moins, ce concours d'éloquences rivales : Hennequin, au parler mâle et fier; Sauzet, novice inconnu la veille, maître admiré le lendemain; Crémieux, orateur inégal, simple et entraînant à certains jours, s'évanouissant cette fois au milieu d'une prosopopée, que l'émotion de l'accident fit paraître dramatique; Martignac enfin, dont le seul aspect à la barre saisit de commisération les pairs, et commença un succès que devait achever sa parole, talent insinuant et pathétique s'il en fût, souvent comparé à Berryer pour la séduction des dons physiques, et par-dessus tout l'enchantement de son timbre musical? Se figure-t-on M. Berryer couronnant un pareil groupe? Peut-on prévoir les bornes qu'eût atteintes sa parole audacieuse et fière, libre de tout ménagement envers les triomphateurs, sol-

(1) Germ. Sarrut, etc., op. cit., p. 60, 61.

licitée enfin par tant d'excitations diverses, la position
des accusés, celle des juges, l'émulation des discours en-
tendus, les provocations d'un réquisitoire sanguinaire ?
Peut-être, si une telle voix eût complété ce concert d'éloquence, aurait-elle obtenu une de ces métamorphoses qui
ont popularisé la légende d'Orphée ! Malheureusement, des
mesures inspirées de haut paralysèrent pour la deuxième
fois le bon vouloir de l'avocat qui, à cette barre des pairs,
eut souvent le privilége de rendre les juges eux-mêmes plus
tremblants que l'accusé.

On a raconté que lorsque M. Berryer, dans la discussion
de l'adresse des 221, improvisa son premier discours de
tribune (c'était un plaidoyer encore pour un royal accusé,
dont il ne put sauver le trône), les appréciations suivantes
furent échangées entre deux orateurs opposants, occupant
un rang divers dans la hiérarchie de la célébrité. « *Voilà un
grand talent*, » jugea M. Guizot, « *Dites une grande puissance*, » renchérit Royer-Collard, sorte de régent écouté,
qui faisait arrêt par sa parole.

De puissance à puissance, au sein d'un même Etat, la
lutte, prompte à s'établir, l'est plus encore à s'enve-
nimer. Le gouvernement de Juillet apporta donc une animosité fort naturelle dans ses rapports avec un adversaire qui ne lui ménagea pas, nous devons l'avouer, les hu-
miliations et les déboires.

On s'explique ainsi que le premier procès fameux (le
procès Kergorlay excepté), auquel M. Berryer se trouva
mêlé depuis *l'établissement* du 7 août, ne fut autre que

le procès de M. Berryer lui-même. On sait l'occasion qui le fit naître. Nous n'avons pas à apprécier le mouvement qui, en 1832, souleva tout à coup l'Ouest et le Midi de la France, notre ville notamment, à la voix d'une femme élevant entre ses bras son jeune fils. Cette impulsion de courage maternel, qui arrachait, sous l'émotion récente du péril, des hommages mérités au noble esprit d'un adversaire (1), fit cependant des mécontents dans les rangs des royalistes. Un certain nombre improuvèrent, soit l'heure, soit le moyen choisi. Ils convertirent à leurs idées M. Berryer et le dépêchèrent ensuite, comme le porte-parole le plus autorisé, auprès de la duchesse de Berry, qu'il devait dissuader de son entreprise. Le négociateur, parti de Paris sous le prétexte d'une affaire qu'il devait réellement plaider en Vendée, à la Cour d'assises de Vannes, se rendit à travers mille dangers, conduit de poste en poste et de vedette en vedette jusqu'à la pauvre cabane qui servait ce jour-là de retraite à la proscrite. L'entrevue obtenue et le but de sa mission atteint, le pèlerin monarchique s'en revenait, le cœur ému, la conscience tranquille, lorsque l'explosion qu'il avait réussi à conjurer vint le surprendre à peu de jours de là. On sut par la suite que la princesse, qui unissait à un corps débile un esprit magnanime et de mâle portée, était revenue sur son projet de fuite, « attendu, écrivait-elle au baron de Charette, que sa présence avait compromis un grand nombre

(1) *Paris, Nantes et la Session*, par M. de Salvandy, 1832.

de ses fidèles serviteurs et qu'il y aurait lâcheté à elle de les abandonner. » De son côté, le gouvernement, reconnaissant bien mal le rôle tout pacifique qu'avait joué M. Berryer, le fit arrêter au moment où, muni d'un passeport de M. de Saint-Aignan, préfet de la Loire-Inférieure, et protégé d'ailleurs par son inviolabité de député, il traversait Angoulême pour aller prendre du repos aux eaux d'Aix en Savoie. Nous ne nous appesantirons pas sur les tristes détails de cette affaire, où nous voyons successivement l'inculpé reconduit à Nantes, menacé plusieurs fois sur la route d'être mis en morceaux par une populace ameutée, sauvé grâce au courage et au sang-froid du gendarme Duvigneau ; puis, ce danger passé, exposé à un péril non moins sérieux et plus révoltant encore, parce qu'il eût paru légal, le jugement sommaire et à trop bref délai devant la justice militaire qu'il récusait en vain, se disant bourgeois de Paris, justiciable de ses pairs ; sur ces entrefaites, l'immortel arrêt de Cassation, survenu le 30 juin, pour la réintégration de la justice en France ; à la suite de cet acte de salut, les sentences rendues par les conseils de guerre pour des faits antérieurs à l'état de siège annulées, et les accusés renvoyés devant la juridiction régulière des assises. Nous ne rappellerons pas tant d'épisodes, tour à tour honorables ou vils, grotesques ou brutaux, de cette odyssée juridique, à laquelle faillirent être associés trois nobles champions des idées monarchiques : M. de Chateaubriand, l'éloquent duc de Fitz-James, le comte Hyde de Neuville. Chargés, au dire d'un journal, par une dénonciation calomnieuse de Berryer, ils répondirent à ces basses inventions par une lettre collective dans laquelle ils demandaient à partager le sort de l'accusé et à recevoir les mêmes juges. Nous passerons sur tant d'illégalités, de perquisitions arbitraires, sur les faux témoins, les faux rapports, les atermoiements calculés imposés au cours de la justice, et qui provoquèrent une seconde fois l'intervention de la Cour régulatrice, obligée de renvoyer le litige, sur les conclusions de Dupin, des assises de Nantes à celles de Blois. Sans prétendre justifier personne, il est permis de dire que l'origine première de ces torts remonte moins aux hommes qu'au fatal génie de la politique qui, depuis si longtemps, trompe les yeux les plus clairvoyants, fausse les consciences les plus droites, substitue l'intérêt au point d'honneur, et ruine en définitive l'un et l'autre.

Quoi qu'il en soit, la sellette, où l'on s'était donné la vengeance de traîner M. Berryer, faillit se changer pour lui en siége triomphal. Quand il fit son entrée dans la salle, escorté de plusieurs gendarmes, l'auditoire tout entier, public, avocats et jurés, comme mus d'un seul ressort, se levèrent à son approche. Cette sorte de jugement de Dieu, rendu par la justice anticipée du peuple, émut profondément l'inculpé, à qui ses amis connurent en tout temps les pleurs faciles. Avant l'ouverture des débats, suivis par une foule énorme, le président, M. Bergevin, voyant des avocats en robe envahir jusqu'au banc de l'accusation, fit la remarque que ce siége ne pouvait leur convenir. « Le banc des accusés, riposta l'un d'eux, M⁰ Vallon, est si honoré aujourd'hui, que nous nous honorons nous-mêmes en y prenant place. » Dans le cours de l'interrogatoire, qui fut fort long, la sympathie mal contenue de l'auditoire éclatait à tout instant en entendant les dignes réponses du prévenu, fidèle à taire le sujet de l'entretien et son secret libérateur. A la fin, quand l'échafaudage mal joint, élevé par un faux zèle, fut, sous un souffle véridique, retombé à plat du sol, le loyal représentant du ministère public, ami sincère de la liberté, qui avait, sous la Restauration, défendu Duret, un des complices du général Berton, fit acte, pour l'instruction de tous, de probité et de courage. Il déclara que, dans sa conviction, éprouvée par de longs doutes et mûrie par la méditation, il n'y avait plus lieu désormais à maintenir la poursuite. Une salve d'applaudissements échappa, à ces mots, des impatientes mains de l'auditoire. « Pas d'applaudissements, messieurs, reprit le grave magistrat ! Qui fait son devoir n'en demande pas. » M. Berryer se leva ensuite. Sa voix, si calme quand on l'interrogeait, devint tremblante et oppressée ; effet du trouble habituel que l'admiration excitait en lui ! Il remercia, en quelques expressions respectueuses, la magistrature ferme et digne, auprès de laquelle, disait-il, il s'était senti, dès son arrivée, transporté dans une sphère nouvelle, trouvant l'amour de la vérité, la bonne foi, la droiture, à la place des machinations attachées si longtemps à ses pas. Le président ayant alors donné la parole aux défenseurs qui gardèrent un silence expressif, interprété par l'émotion des assistants, termina par quelques mots noblement réparateurs et qui présageaient bien le verdict attendu. Le jury sortit pour délibérer et revint promptement, la formule libératrice à la bouche. Rien n'avait manqué, on le voit, à ce drame judiciaire de ce qui fait l'intérêt habituel de la fiction : ni les intentions travesties, ni l'animosité vindicative, ni les péripéties, ni la terreur, ni la réhabilitation du cinquième acte. Les échos du Palais en redirent longtemps l'invraisemblable histoire, et l'Ordre entier des avocats se glorifia dans ce confrère triomphant, comme il s'était, au cours du procès, associé à ses disgrâces par une adresse du Conseil que remit à l'intéressé M. Mauguin, un de ses prédécesseurs au bâtonnat.

Entre tant d'épisodes, qui nous montrent Berryer faisant le généreux don de sa parole aux infortunes les plus diverses, il n'était pas indifférent de contempler cet homme, enrichi de faveurs uniques, accusé et patient à son tour, pliant sous le poids des dangers qu'il avait réussi à écarter de tant de têtes ; puis, à ce moment d'enseignement et d'humiliation pour ces rois de la parole, on voit tout à coup se lever, pour lui faire un rempart, la ligue spontanée des sympathies publiques ! Le moment approchait d'ailleurs, où M. Berryer, remonté sur son piédestal et grandi par la poursuite, allait faire expier à ses accusateurs l'erreur d'un procès qui devait prendre sa tête, sinon le rendre à la vie politique accru d'influence et de justes griefs.

Le procès fait à M. Berryer n'était qu'un trait isolé du déchaînement qui suivit la prise d'armes. La campagne militaire finie, une autre campagne commença, non moins àpre et bien autrement balancée, dans lapresse. L'opposition harcela le gouvernement par des satires, le gouvernement ruina l'opposition par des procès. Après les poursuites dirigées contre la *Gazette de Normandie* aux assises de Rouen, après le procès du duc de La Rochefoucauld à Paris, vint, pour M. Berryer, le moment de défendre un troisième client, plus grand que tous ceux qui avaient *honoré* jusque-là le banc des accusés, depuis le jour où il s'y était assis lui-même. Il a été donné aux contemporains de voir le plus grand orateur et le plus grand écrivain de ce siècle, croisés aux couleurs du même trône, rangés au pied du même autel. La justice, en poursuivant l'un d'eux, rapprocha ce jour-là ces deux illustres têtes, comme l'admiration entrelaçait depuis longtemps leurs noms dans un symbolique faisceau. Le publiciste, qui venait avec son demi-siècle de gloire offrir aux stigmates des Parquets son pur et fidèle blason, était celui dont la plume formidable voulait faire, semblait-il, expier aux hommes de Juillet l'aide que leur prêta son aveugle colère. Non moins ardent qu'aux jours des émigrés, quoique attristé et affaibli par l'âge, M. de Chateaubriand, réduit à l'arme de la plume, livrait au pouvoir ces terribles assauts, qui avaient fait crouler jadis les débris chancelants de l'empire, et dont Louis XVIII disait, parlant d'un pamphlet célèbre, que le secours de cet écrit lui avait valu mieux qu'une armée. Enorgueilli par de tels précédents, l'auteur de *Bonaparte et les Bourbons*, s'était vanté, à l'avènement du trône improvisé du 7 août, qu'en moins de quinze jours de temps, sa plume et du papier lui en feraient raison. Soit qu'il songeât à tenir sa gageure, soit que sa fibre monarchique eût été trop vivement froissée, toujours est-il qu'il laissa échapper, sous le nom de *Mémoire à consulter* pour Madame la duchesse de Berry, un sarcastique et virulent réquisitoire, le plus cruel qui fût venu troubler l'ivresse des triomphateurs. Il accusait sans détour les élus de juillet d'avoir menti à toutes leurs promesses, et déroulait, avec ses éclairs pittoresques de style, dans une langue un peu tourmentée, mais vibrante d'ironie, le long tableau de ses griefs. Il terminait par un défi altier au vainqueur, sous forme d'hommage à la défaite : « Madame, écrivait-il, votre fils est mon roi ! »

Cette *philippique* passionnée, vrai modèle d'éloquence hautaine et, pourrait-on ajouter, de polémique du Palais, tant la dialectique en est pressante, tant la *parole écrite* y garde la saveur primitive et la vivacité piquante de la *parole parlée*, vola comme instantanément de main en main. Elle avait fait depuis longtemps le tour de la France, quand la vigilance du parquet s'avisa de l'arrêter. M. de Chateaubriand fut cité en jugement; il avait dû s'y préparer. Longtemps résolu à faire défaut, il ne prit que la veille des débats la détermination de comparaître, et en prévint, presque au dernier moment, son avocat, M. Berryer. Celui-ci fut pris, à cette nouvelle, d'une de ces terreurs candides, que ses clients lui ont connue, et que nombre d'orateurs, consommés comme lui, ont éprouvées au moment d'entrer en lice, depuis son collègue, M. Laîné, qui montait, en fléchissant, les degrés de la tribune, jusqu'à ce Grec ambitieux et rusé, qui suppliait les dieux, en se rendant à l'*Agora*, de gouverner sa langue et d'en prévenir les écarts. Le tremblant avocat se mit au travail, mais l'appréhension qu'il ressentait d'une préparation insuffisante le rendit bientôt incapable de toute préparation. Abandonnant de guerre lasse la glose et le dossier, il demanda aux impressions d'une fraîche mélodie l'apaisement réparateur dont ses sens avaient besoin. Les Muses sont sœurs, d'antique date. L'Eloquence se reprit à sourire à son favori sur l'intervention de sa sœur, la Musique. La forte improvisation du lendemain eut toute la vivacité d'une inspiration soudaine, en y alliant la force d'une pensée longtemps méditée. Jamais ne se vérifia mieux cette piquante parole de Berryer à ses auditeurs : « J'apporte mon idée, leur disait-il, mais mon discours, c'est vous qui le faites. » Dans ce dialogue mystérieux, qui va, comme un invisible courant, de l'orateur à son public, et qui a pour véhicule les yeux, l'intonation, le geste, les réticences non moins que les paroles, nul ne connut mieux que lui l'art de conduire la délibération. Nul artiste ne sut mieux prendre l'accord dans son auditoire, nul peintre approfondir mieux les physionomies, aviver les impressions pour les forcer à se rendre évidentes. Talent d'expérience à la fois et de pénétration, de présence d'esprit et de souple parole, qui fait à l'orateur, selon la remarque de Dupin, une inéluctable loi de l'improvisation ! Ces procédés de l'art le plus élevé n'étaient pas sans émotion pour certains auditeurs, engagés à leur insu comme interlocuteurs et contra dicteurs même de ces puissants antagonistes. Aussi rapporte-t-on sans invraisemblance que des jurés parfois se sentirent mal à l'aise sous ce regard inquisiteur, qui s'attachait à leur visage et ne leur laissait de repos qu'il n'y lût la trace des dernières résistances vaincues. Sans doute M. Berryer fit, le jour dont nous parlons, quelque prodige semblable, car il rapporta, contre toute attente, l'acquittement de son client. Quant à l'œuvre oratoire elle-même, il suffirait de citer ce qu'en pensent les critiques les moins prévenus :

« M. Berryer, dit l'un d'eux (1) dans un journal de l'époque, défendit M. de Chateaubriand comme M. de Chateaubriand devait être défendu, sans provocation et sans bravade, rendant hommage en son nom à ces rois de l'exil qu'avait adorés sa jeunesse et que sa vieillesse devait adorer. Tous ceux qui l'ont entendu se souviennent encore de ce qu'il y eût, dans M. Berryer, de sublime et de véritablement inspiré, lorsque, à l'aspect de la Sainte-Chapelle, évoquant les grandeurs de la vieille monarchie française, il plaçait la royauté proscrite sous la protection du Dieu de saint Louis. Il y eût, dans ce moment, à sa voix, une de ces impressions électriques et involontaires qu'il n'est donné qu'au génie de produire. »

Ces miracles font trame dans la vie de Berryer, et l'on se fatiguerait plus tôt de les narrer qu'il ne se lassa de les produire. C'est ainsi que nous arrivons sans intervalle au récit d'une sorte de roman judiciaire, dont les étranges péripéties n'ont pas de pendant dans les annales du Palais.

(1) Osc. Pinard. — Le *Droit*.

Un riche fermier, Dehors, poursuivi, paraît-il, par des inimitiés privées, comparaissait aux assises d'Evreux, sous la prévention du crime d'incendie, prêt à payer de sa vie une défense insuffisante. Vainement fit-il appel à un effort désespéré! L'homme dont la parole toute-puissante commandait pour ainsi dire à la justice, l'orateur dont la seule conviction trouvait déjà force et crédit, eut la douleur, rare pour lui, de voir se dessiner, à l'arrière-plan de l'audience, l'ombre de l'échafaud attendant son client! Ayant, par acquit de conscience, formé pourvoi pour un vice accidentel de forme, il obtient de la Cour suprême la cassation de l'arrêt. C'est un procès qui recommence; c'est la joie, c'est la confiance qui rentrent dans le cœur du défenseur et du client. Ceux-là seuls, qui ont éprouvé des fortunes pareilles, imagineront avec quelle ardeur M. Berryer rentra en lice, plus impatient d'arracher à la mort une proie que l'échafaud, avait, pour ainsi dire, rendue! Que de motifs d'ailleurs de renaître à l'espérance! Les droits de la vérité et du talent ne seraient pas trahis deux fois! Le jury, impressionnable et changeant comme la foule dont il émane, se laisserait toucher sans doute aux vicissitudes du procès, au salut inespéré de l'accusé, au secret désespoir de l'avocat! Il est bien vrai pourtant, cette attente fut trompée. Pour la seconde fois, une homicide erreur faillit ensanglanter une juridiction aveuglément louée. Mais tout était surprise et nouveauté dans cette affaire. La fatale sentence avait à peine frappé au cœur des infortunés le plus sensible coup qui fût jamais, qu'un second arrêt de cassation, provoqué sans retard

par l'habile avocat, rendit aux hasards d'une épreuve nouvelle cette victime ballottée entre le trépas et l'existence. Dans
les intervalles successifs de ces dénoûments, la curiosité
intelligente du palais, l'anxiété d'un public avide d'émotions,
le compte-rendu journalier des débats, partout colporté par
la presse, avaient donné à une question de police forestière
quelque chose des proportions d'un drame national. Lorsque
le terrible problème se posa pour la troisième fois devant le
jury, celui de la Seine, ce n'était pas seulement l'auditoire
entassé dans une étroite enceinte, c'est le pays entier qui,
l'œil fixé sur la scène, interrogeait avec angoisse le nuage
prêt à s'entr'ouvrir. Que fut M. Berryer dans cette journée?
Ceux qui eurent le privilége de l'entendre le redirent,
mais d'une voix discrète, avec ce laconisme pudique qui
craint de profaner l'admiration. S'il est permis de soulever un coin du voile, d'écouter les anecdotes ébruitées
par un zèle enthousiaste, les entraînements de l'audience
furent tels, qu'ils firent par moment hésiter jusqu'aux magistrats sur leurs siéges. Au retour d'un de ces mouvements oratoires que suivaient comme en cadence les salves
d'un auditoire transporté, le digne président qui dirigeait
ces débats, se sentant lui-même gagné par la fièvre générale : « N'applaudissez pas, s'écria-t-il en étreignant, pour
se roidir, la table placée devant lui, n'applaudissez pas,
je vous en conjure; je vais manquer à mon serment! »

Dehors fut acquitté, messieurs. Tant de talent méritait
bien grâce de la vie! L'infirmation d'un témoignage principal, qui fut convaincu, parait-il, d'animosité calomnieuse,

mit dans un heureux jour l'innocence de l'accusé, et lui rendit, avec l'existence et la liberté, cette considération, si lente d'ordinaire à se relever par les acquittements de la justice !

On aimerait à se recueillir longtemps devant ces merveilles de l'art, si le cœur de Berryer n'eût porté une sorte de défi à son génie et sollicité notre admiration pour un trait plus mémorable encore. La notoriété que cet exemple a reçue n'en rend cependant pas la redite inutile. Lorsque l'infortuné Dehors, rendu à la liberté, vint se jeter aux pieds de son libérateur, il avait réalisé son riche patrimoine : « Quel usage, lui dit-il, pourrais-je faire de ce bien? Vous m'avez sauvé la vie. Tout ce que j'ai vous appartient. » L'admirable orateur fit l'accueil qu'elles méritaient à ces généreuses avances. Relevant d'un geste de reproche son client, que la reconnaissance suffoquait : « Je suis fier, lui dit-il, du service que je viens de vous rendre. Permettez-moi seulement de le compléter. » Et, divisant alors en deux égales parts l'avoir du père de famille, il fait signe d'approcher à ses jeunes enfants, muets témoins de cette scène ; puis, avec ce tour d'expression engageant et qu'il savait rendre sans réplique, il compte au garçon l'argent qui soldera ses frais d'étude, à la jeune fille la dot qui servira à l'établir. Il leur demande, en les congédiant, le silence absolu pour toute récompense. Mais la louable indiscrétion de cette famille, ivre de joie, eut bientôt mis dans la confidence un public nombreux. Le fait désormais ne mourra plus. Il louera, mieux que les panégyriques, la mé-

moire de l'homme, sur le front duquel le reflet divin s'est
également manifesté par l'empreinte du génie et par le sceau
de la bonté. Il apprendra un jour, s'il le faut, à des géné-
rations trop oublieuses, à chercher dans les profondeurs
morales de l'âme la source originaire du talent. Il montrera
que l'orateur le plus sûr d'arracher des larmes est celui
dont la pitié est le plus prompte à les tarir !

Le sentiment qu'inspirait à tous une pareille générosité
d'âme, rehaussant tant de richesses d'esprit, avait été une
première fois attesté dans le banquet offert à M. Berryer,
en juillet 1834, par le barreau même de la ville qui
maintint si longtemps ce grand talent sur la scène politique. Ce banquet, précurseur de celui qui fêta, trente ans
plus tard, au même lieu, le vieillard toujours éloquent,
mais au terme de sa carrière, marque approximativement
la date de son avénement au rôle de chef de parti à la
Chambre. Heureuse coïncidence ! L'aurore et le déclin de la
vie politique de Berryer semblent s'accomplir au même lieu.
C'est du milieu de nous que l'astre prît sa course, c'est parmi
nous qu'il l'acheva. L'expression de ces rapports naissants
fut vivement accentuée, à une cérémonie analogue aux premières, qui eut pour but de célébrer, entre nos murs encore, la conclusion de l'alliance électorale réformiste.
M. Berryer y répondit à un toast porté par un de nos com-
patriotes, qui rappelait par son prénom un grand et patriote
orateur, l'antiphilippiste Démosthènes. A la différence du
grand homme, le Démosthènes moderne revécut dans un
fils dont nous trouvons plus tard le talent souple et un peu

vague aux prises avec l'éloquence, bien autrement précise, du convive de son père. C'est dans l'affaire des Dames Religieuses de Picpus. Ce procès mit en saillie non-seulement la différence des talents, mais aussi celle des doctrines, nuance que M. Berryer ne cessa de maintenir, quelque dénégation qu'on en ait faite, dans la confusion apparente des premières coalitions.

Messieurs, une sorte de pente naturelle au sujet ramène le récit de la carrière judiciaire de Berryer comme elle a ramené cette carrière elle-même aux confins de la politique. Que si, désirant éviter cet écueil, on cherche à s'enfermer dans la vie spéciale du palais, si on interpose, entre les échos de la place publique et soi, les murailles glacées, le calme isolant de l'audience, on est tout surpris de voir que l'inviolabilité du temple n'en a pas défendu l'accès. A peine l'orateur a-t-il ouvert la bouche, et déjà, au caractère virulent de son langage, on se croirait au Palais-Bourbon. Il y a mieux. Le Palais-Bourbon, à cette époque, ne rivalise pas avec l'audience de récriminations politiques et de libres professions de foi. La raison en est simple. Contraint et embarrassé dans l'expression de ses affections devant une chambre prévenue, l'avocat retrouvait sa pleine indépendance devant le jury. Là, sous le couvert de son ministère, en présence d'hommes non habitués au métier de juges, souriant à l'essor du génie, et ne demandant qu'à être eux-mêmes soulevés, M. Berryer s'abandonnait à toutes les véhémences de son âme. Il prenait ses auditeurs pour confidents ; il versait dans leur cœur ses plaintes brûlantes, dont la contrainte prolongée doublait l'intensité. Il attestait la France, en leur personne, de sa droiture d'intention, de sa clairvoyance prophétique. Il vendait au pouvoir, à des prix sanglants, la condamnation qu'il ne pouvait prévenir, l'application de la loi qu'il avait vainement combattue à la tribune. On devine que nous parlons surtout des procès de presse. M. Berryer défendit dans ces conditions la *Gazette de France*, puis le *Rénovateur*, accusé « d'avoir porté atteinte aux droits que Louis-Philippe tenait du vœu national. » Formule exagérée, restée long-temps de mode, et sous d'autres régimes ! D'autres procès, moins mêlés à la critique des actes du gouvernement, mais confinant toujours à la politique (c'était comme la con-dition d'un retour au Palais), fournirent le thème d'une éloquence plus haute et plus sereine, substituant à la polémique passionnée les grandes expositions de vue. Le plaidoyer qu'il prononça pour les actionnaires des mines de Saint-Bérain, appartient à cet ordre de litiges. Les belles considérations économiques, par lesquelles l'orateur s'ef-forçait de gagner l'esprit des juges à une solution « *réclamée, disait-il, non-seulement au nom de l'intérêt de l'industrie, mais encore au nom de l'intérêt du pays* (1), » ses pressenti-ments, justifiés par la suite, ont bien prouvé, selon la re-marque d'un contemporain (2), la perspicacité de ce rare es-prit. On promit à sa plaidoirie, qui fut fort belle, une immortalité qui n'a pas dépassé trente ans de souvenir.

(1) *France et Europe*, 25 août 1838.
(2) Germ. Sarrut, etc. *op. cit.* p. 217.

L'intérêt éphémère du sujet a mesuré la durée de la harangue. Elle a brillé comme un météore passager ; elle n'est pas restée un monument historique durable. Ce dernier caractère fait, par contre, le privilége d'un autre discours bien autrement célèbre, justement réputé le chef-d'œuvre de l'éloquence politique à la barre, admirable mélange d'inspiration et d'art, de virilité et de souplesse, et qui se serait encore perpétué comme un modèle de tactique oratoire, quand il n'aurait pas trouvé réputation et vogue dans un nom retentissant, qui a fait la fortune du procès avant de faire celle de l'accusé lui-même.

Le procès de M. Louis-Napoléon Bonaparte est cependant primé, dans l'ordre des dates, par un des rares litiges non politiques plaidés par Berryer à cette époque, par une affaire criminelle restée dans l'imagination émue des contemporains avec je ne sais quelle auréole mystérieuse et sombre. Le procès La Roncière joignait au triste intérêt des débats ordinaires d'assises quelque chose de la mise en scène et des illusions du mélodrame. Un jeune officier prévenu d'une atteinte à l'honneur, une victime à la raison intermittente et vague, venant, couverte d'un voile, à l'heure fantastique de minuit, traîner au pied des juges son spectre accusateur, la prolongation tardive des débats, des flambeaux qui jetaient sur un immense auditoire attentif des lueurs mourantes, un père en cheveux blancs, assis non loin de l'accusé, et semblant lui demander compte de l'injure faite à sa famille, tout, jusqu'au trouble du jeune et brillant magistrat, qui doit interroger, faire parler l'innocence, et qui, pour la première fois, tremble et hésite, comme honteux par contre-coup ; enfin, debout près de la barre, le regard tendu, la bouche close, trois athlètes formidables, dont le mutisme, gros de tempêtes, fait passer par moments sur l'auditoire des frissons de malaise et de terreur ! Tout, dans ce tableau, est empreint d'une majesté terrible. tout parle à l'imagination et aux yeux. On dirait quelque scène enfantée par la poésie gaëlique, dans un monde peuplé de fantômes, et vaguement entrevue dans les profondeurs des cieux du Nord. Quand l'interrogatoire fut achevé et que les deux premiers antagonistes se mesurèrent une dernière fois avant de se combattre, les contemporains ont raconté, et M. Grévy (1) rappelait naguère l'incomparable lutte qui s'engagea entre eux. Ils ont dépeint l'avocat de la Roncière (2) déployant, autour de l'argument de l'*alibi*, tous les prestiges d'un talent, éblouissant alors de vivacité et d'artifices ; puis, quand cette habile défense eut porté le trouble au cœur des jurés et refoulé un instant leur indignation, le roi de la barre, se levant dans sa force et sa puissance, rétablissant en quelques mots par un exorde classique les positions du débat, qui tendaient, disait-il, à se fausser ; rompant d'un mouvement soudain la trame fine et serrée dans laquelle essayait de l'enlacer une argumentation captieuse ; reprenant alors avec énergie les charges de l'accusation, ranimant la colère et la pitié ; pressant, accablant son adversaire sous des objurgations précipitées ; étendant, avec une fami-

(1) *Berryer. Hommages rendus à sa mémoire*, p. 52.
(2) Mᵉ Chaix d'Est-Ange. — Mᵉ Odilon-Barrot assistait Mᵉ Berryer.

liarité hardie, sa main qui invoque et prie au-dessus de
la tête blanchie de M. de Morel ; tonnant, s'attendrissant,
s'emportant tour à tour ; arrachant enfin au jury, torturé
par tant d'émotions, la sentence qu'il semble dicter comme
une Euménide vengeresse. C'est devant l'impuissance de la
plume à raviver ces grandes émotions qu'on sent la dégénéres-
cence de la parole écrite, cette forme bâtarde de l'éloquence,
comparée au discours de vive voix, à « l'oraison », comme on
disait jadis, forme originaire et spontanée. *Fides ex auditû.*
Le mot est vrai dans toute acception. Le sens de la persua-
sion est l'oreille, non les yeux. Il y a dans l'enseignement oral
la vertu subtile de la vie. Essaye-t-on de le fixer, la plume
trop souvent ne cloue qu'un cadavre au parchemin. Aussi
est-elle grande et belle l'inspiration de ce législateur qui
défendit d'écrire ses préceptes, et ne voulut, pour les perpétuer, que la tradition de père en fils, craignant qu'ils ne
perdissent de leur auguste caractère en empruntant la
forme matérielle et glaciale de l'écrit !

Si ce législateur eût vécu de nos jours, sans doute les
lois politiques eussent été les premières à subir ses radia-
tions. Rien ne leur va moins que d'être écrites, si ce n'est
souvent d'être édictées. Quelle folie de prétendre graver sur
un marbre séculaire ces formules trompeuses, qui passent
et repassent sans cesse au fronton de nos édifices, et dont
l'incessante transformation rappelle la mobilité des jours !
Quelle école d'irrévérence et de mépris pour l'idée sacrée de
la loi, rabaissée à être l'engin de guerre d'un parti, au lieu
de rester le symbole permanent du droit de tous, de la jus-

tice ! Le jour donc où l'héritier éconduit du trône impérial jetait audacieusement le gant aux pairs de Louis-Philippe, récusant les vainqueurs pour juges des vaincus, on peut aisément se figurer l'écho que devait avoir cet exorde de Berryer :

« Quel n'est pas le malheur d'un pays, disait-il, qui a vu tant de révolutions successives renverser tant de gouvernements établis et jurés ! Eh quoi ! dans une seule vie d'homme, nous avons pu voir la République, l'Empire, la Restauration, le gouvernement du 7 Août ! Et ces grands changements, qui se sont si rapidement pressés, n'auraient pas porté un notable dommage à l'énergie de la conscience, à la dignité des lois elles-mêmes ! »

Ce premier trait, cet argument de scepticisme politique lancé, l'orateur le reprend aussitôt. En face de tant de perturbations, qui déconcertent et fourvoient le sentiment du droit, il proteste de sa foi, plus ferme que jamais, au principe monarchique. Il en fait ressortir le contraste expressif avec les manifestes, avec l'acte du prince qu'il défend. Il assure enfin ses propres opinions, en annonçant l'intention de tout juger dans cette affaire au point de vue légal. Sur le pied de cette règle, de quel droit interdirait-on au prétendant la faculté de consulter, lui aussi, le suffrage national, d'invoquer entre ses adversaires et lui l'arbitrage sans appel de cette souveraineté populaire, source unique du pouvoir, dans les principes de Juillet, libre dispensatrice des couronnes, qu'elle donne et ravit à son gré ? La Cour, étonnée de cette logique audacieuse, ne songeait pas à interrompre.

L'orateur profite de son trouble pour lui porter de nouveaux coups. Ce n'est pas assez de confondre la cause de l'agresseur et celle du pouvoir dans une sorte d'égalité de dépendance en regard de l'arrêt souverain de la nation ; il prétend réclamer au profit exclusif de l'accusé les titres légaux du droit acquis :

« Ignore-t-on ce qu'on a fait en 1830, ou ne veut-on plus le savoir ? » dit-il d'une voix grave et comme l'organe inflexible de l'histoire. « N'est-ce donc rien que de changer les constitutions d'un empire, de consacrer des principes nouveaux, de proclamer le principe de la souveraineté du peuple ? Et quand, au nom de ce principe, une majorité de quatre millions de citoyens a proclamé le principe de l'hérédité, quand on a suivi pendant des années ce principe, est-ce ici qu'on peut le contester aujourd'hui ? Combien y en a-t-il, parmi ceux qui m'écoutent, qui auraient réclamé contre la consécration du principe ? Et quand on vient réclamer un droit, que vous avez consacré et qui n'est pas un rêve après tout, pouvez-vous juger ? Est-ce un rêve que la dynastie impériale ? Et quand vous avez relevé, en 1830, le principe de la souveraineté du peuple au nom de laquelle elle existe, vous ne voulez pas qu'on invoque la majorité et la nation comme ayant fait l'empire ? Et quand cette majorité a fait l'hérédité de l'Empire, l'hérédité de l'Empire, la voilà ! »

Et en même temps, rapporte un biographe (1), le geste éloquent de l'orateur désignait à l'assemblée, qui craignait à la

____

(1) Nettement. *Berryer au barreau et à la tribune.*

fois de l'écouter et de l'interrompre, l'accusé assis derrière lui.
Le degré d'anxiété des esprits ne pouvait être porté plus loin.
L'avocat sentit le danger de forcer une note trop juste. Il af-
fecta d'atténuer, pour mieux le ressaisir, l'effet produit. Il
revint sur ses pas par d'habiles mouvements de retraite. Il
parla en termes vagues d'une nécessité d'ordre public, qui
dominait la Charte elle-même et absolvait les mesures prises pour épargner au pays de nouveaux malheurs. Mais,
après cet hommage, un peu contraint, à la légitimité de la
poursuite, l'habile stratégiste revenait à la charge, apportant
des moyens plus personnels encore, récusant avec de sou-
ples détours l'impartialité et jusqu'au désintéressement de
la magistrature politique. Illuminé alors d'un éclair soudain,
au souvenir de l'imprudente apothéose que le gouvernement
venait de décerner au premier empereur, en rappelant, de
Sainte-Hélène aux Invalides, une cendre trop chaude encore,
et sous laquelle couvait un incendie :

« Si vous voulez être juges, reprenait l'orateur, jugez
au moins humainement des choses humaines, et voyez
dans quelles circonstances les événements de Boulogne
ont éclaté ! Le ministère actuel s'était formé au moment
où s'engageaient des questions politiques fort graves ; ce
ministère a blâmé la timidité de ses prédécesseurs. Qu'a-
t-il fait ? Il est allé évoquer la mémoire de celui qui a
promené la grande épée de la France des extrémités du
Portugal aux rives de la Baltique ; il a ouvert la tombe
du héros ; il a touché à ses armes redoutables, et il a
étendu la main pour les déposer sur la tombe du héros !

Voilà ce qu'a fait le ministère !... Vous allez cependant juger le prince, sans tenir compte des sentiments que de tels appels ont fait revivre dans son cœur. Soyez hommes et jugez-le en hommes ! Quoi ! après avoir entendu ces paroles, ces provocations, cet appel au grand nom qu'il porte, à la gloire qu'il regarde comme son héritage, vous voudriez qu'un cœur où il y a du sang n'ait pas tressailli, et que le jeune homme ardent ne se soit pas écrié : «Ce grand nom, c'est à moi de le porter aux frontières pour venger la France et porter au sein des nations voisines la terreur des défaites passées. Ce nom, c'est le mien ! Ces armes m'ont été léguées par le soldat, pas d'autre que moi ne les déposera sur la tombe du soldat ! J'irai, je mènerai le deuil, et je dirai à la France : Voulez-vous m'entendre ! »

« Voilà de l'éloquence, ou je ne m'y connais pas, » comme disait Mirabeau, dans une occasion moins décisive peut-être. Ce mouvement oratoire, si vrai, si animé, si admirablement relevé par la vivacité pittoresque de l'image, fit plus que dater une page détachée de notre histoire, il offrit encore la spécieuse devise, dont le prince prétendant décora son dra—peau, lorsqu'il parvint, à une troisième tentative, à établir un pouvoir dont l'antagonisme usa les dernières forces de Berryer. En ce sens, la plaidoirie porta au-delà des souhaits de l'avocat ; il ne voulait que le salut, il fit la fortune du client. L'événement devait encore prouver la justesse de ses prévisions et sa profonde connaissance des hommes, lors-qu'il osait dire à tant de pairs, non moins prompts à oublier un jour leurs noms qu'exacts à retenir leurs siéges :

« Voudrait-on faire du succès la base de la morale, la base des sentiments et des opinions des hommes ? Si le succès fait tout, eh bien ! écoutez-moi. J'accepte l'arbitrage que je vais vous proposer : cet arbitrage, je le demande à vous, c'est vous-même qui le prononcerez ! Dites, sans avoir égard à la faiblesse des moyens employés par le prince, dites : « S'il eût triomphé, j'eusse nié son droit, j'eusse refusé de m'associer à son pouvoir! » Dites-nous, vous que nous connaissons, si vous eussiez nié son droit, si vous eussiez refusé de vous associer à son pouvoir? »

Evidemment, pour faire accepter de tels défis à la réunion des plus hautes susceptibilités du royaume, il fallait des circonlocutions, des artifices, des ressources que l'instinct suggère bien, mais qu'un art savant peut seul développer. Ceux qui ont, sur la foi de citations décolorées, réduit à une sorte d'enchantement physique les triomphes oratoires de Berryer, n'ont jamais pris ce discours pour sujet d'étude. La gradation puissante des idées est restée visible dans l'épreuve écrite, et même il y respire encore quelque chose du feu et du pathétique de l'action. La phrase, irrégulière comme l'inspiration, heurtée et entrecoupée comme le débit, y dessine, dans ses tours largement ébauchés, les beautés de la forme classique. L'imagination émue de l'orateur éclate à tout instant en saillies, en apostrophes, en figures. Qu'on dise maintenant qu'avec toutes ces immunités, pour bien venue que soit l'épreuve, ce n'est encore là qu'un pâle décalque, comparé au chef-d'œuvre original. Qu'on lui fasse le reproche, adressé dans le domaine des beaux-arts à l'art photographique, celui de pétrifier la vie en la reproduisant, on appréciera sainement la diversité du génie de la parole et de la plume, le contraste de leurs procédés et de leurs règles, le danger de les soumettre, pour les juger, à un uniforme point de vue. Mais pour M. Berryer, pour son éloquence libre et bondissante, faire intervenir le compas, le pédantisme méticuleux des grammairiens; vouloir, sans tenir compte des clartés, de la majesté, de la force qu'ajoute à l'élocution le langage complémentaire du geste, isoler en quelque sorte la diction de l'orateur de l'ensemble harmonieux de ses facultés parlantes; réviser chaque mot, chaque tour, chaque phrase; leur demander le nombre, la grâce, la justesse, comme on ferait pour l'écrivain dont le style doit tout dire, ce n'est pas seulement être injuste envers Berryer, mais encore s'imposer la loi de n'être juste envers personne. Qu'on ne s'y trompe pas en effet. Les harangues de l'antiquité, d'une beauté si calme, si parfaite, n'ont pas, selon toute évidence, été prononcées telles qu'elles nous sont parvenues, dans leur forme arrêtée à loisir. On sait l'histoire de la *Milonienne*. Le public vif et railleur d'Athènes, pas plus que les factions populacières de Rome, n'eussent laissé l'orateur suivre d'un trait, sans s'interrompre, le fil de ses beaux raisonnements. Il avait à peine ouvert la bouche, et déjà le plan de son discours était bouleversé. Les approbations ou les rumeurs le forçaient à fléchir de sa ligne de bataille. Son esprit, assailli par les interpellations diverses, s'échappait en traits rapides, quelquefois en éclairs inspirés. Nos grands avocats des Parlements, nos illustres sermonnaires, nous ont laissé, pour la plupart, des pages identiques à leur œuvre parlée, et dont la correction brillante semble un démenti donné aux orateurs qui récusent le lecteur pour juge. Mais qui ne sait que ces pièces, écrites à l'avance et récitées ou lues avec une rigidité contrainte, ces allocutions dans lesquelles l'orateur, au lieu de s'adapter à son auditoire, semble lui imposer une attitude convenue, n'ont pas réalisé, au jugement même des auteurs, l'idée de l'art dans son type achevé? Et encore, combien l'écueil était-il moindre en présence d'auditeurs graves, sérieux, préoccupés du fond des choses! M. Berryer, tout en préparant souvent beaucoup, n'écrivit jamais. La forme, toute spontanée chez lui, faite d'inspiration pour ainsi dire, n'avait, comme l'inspiration, qu'un éclair d'existence. Nul autre n'a plus souffert des brutalités de l'impression. Aussi arriva-t-il souvent que l'auditeur, revenu la veille frémissant d'admiration, ne fut plus qu'un lecteur désappointé le lendemain. Quelques critiques ont nettement accentué ce sentiment. Trompés par une fausse épreuve, ils ont mis les succès de Berryer au compte de nous ne savons quelles illusions des contemporains, dupes, ont-ils prétendu, des brillants mensonges de l'action. Mais l'action, que le grand orateur d'Athènes, génie sévère et substantiel, s'il en fut, appelait cependant *le tout* de l'éloquence, est-elle donc

une vaine émule de l'art scénique, inefficace à prouver
des facultés inventives ou un talent original? Le plus
tragique acteur, dans ce cas, n'aurait pas de rivaux à
la tribune. Fouquier-Tinville lui-même eût dominé
la plupart des tribuns de la Convention. L'expérience
dément cette assimilation frivole. On a vu de puissants
interprètes trébucher lourdement le jour où, cessant
d'être soutenus par le génie des maîtres, ils ont voulu
jouer un rôle personnel. Leur voix s'éraillait et devenait aiguë ; leur geste portait à faux ; le contraste
de la forme et du fond donnait au débit quelque chose
de grimaçant et d'emphatique, dont l'orateur lui-même
avait le sentiment ; nouveau sujet de trouble et de risées !
M. Berryer, en ses jours d'inégale éloquence, a donné
lui aussi l'exemple de ces oppositions. Il a été, à certains moments, notamment au début de ses improvi-
sations, froid, tendu, embarrassé. Témoignage irrécusable
de la sincérité de son inspiration, quand il ébranlait
et attendrissait parfois les Assemblées ! Sans doute il
cultiva plus que personne l'action, cette branche trop
négligée de l'art, disait de son temps le bon Rollin (1),
et qu'eût-il pensé du nôtre ? Venu dans l'intervalle
d'une sorte de renaissance oratoire, à une époque où
les professeurs de sciences eux-mêmes prenaient des
leçons de Talma, où Cuvier rivalisait, par la beauté de
ses expositions orales, avec les pages grandioses du natu-
raliste Pline, M. Berryer forma de bonne heure son geste,

(1) Traité des Etudes. Tom, II. *De l'Eloquence du barreau*, p. 439.

son attitude, ses intonations, à une mâle discipline (celle
de Talma, dit-on). Il se débarrassa ainsi de ses défauts,
et donna à ses mouvements la vivacité, le naturel, l'am-
pleur. Qu'on ne taxe pas un tel souci de superfluité ou
d'aveu d'impuissance! Il suffirait de renvoyer les blasphéma-
teurs aux exercices sans nombre que se sont imposés les
deux rivaux de l'art classique, Cicéron et Démosthènes,
comme aussi aux minutieuses instructions des rhéteurs
anciens et à la coutume, si générale à Rome, de former,
dès le berceau, l'éducation oratoire des enfants, en di-
rigeant leurs gestes naissants par des leçons de palestri-
que (1). M. Berryer, si riche de dons natifs, ne crut
pas devoir s'affranchir de ce vulgaire apprentissage. Il
superposa les talents acquis aux talents innés qui, chez
lui, eussent à la rigueur pu suppléer les autres. Il rendit
par là un double service à ses contemporains. En ac-
croissant ses moyens d'action, il resserra sur eux son influence; en donnant l'exemple du travail, il ôta tout
prétexte à leur oisiveté.

Quand la famille d'Orléans mesura ainsi à ses dépens
les forces de ce grand talent, quand elle entendit cette
plaidoirie dans laquelle l'avocat faisait marcher de front
la défense de son client et l'apologie de sa doctrine,
convertissant en hommage à la légitimité le complot
avorté d'un Bonaparte, sans doute, dans le ressenti-
ment des susceptibilités princières, elle maudit cette
éloquence indépendante et sans pitié. Le jour devait

(1) Th. Grellet-Dumazeau, *Le Barreau romain*, p. 35.

pourtant venir où cette indépendance lui serait à son tour secourable. C'est lorsque l'ancien accusé, devenu souverain, par un jeu de la fortune, reporta sur ses accusateurs quelque chose des rigueurs qu'il avait essuyées. Ce jour-là, le noble avocat les défendit. Mobile au rebours des événements, M. Berryer changeait souvent de clientèle, mais il prenait ses clients au seuil de l'infortune, il les quittait au seuil de la prospérité. Pendant un demi-siècle et plus, son cabinet d'avocat a été le champ d'asile, dans lequel les puissances déchues ont retrouvé quelque illusion de règne, les égards qui s'attachent à la majesté de la défaite et à l'inviolabilité du droit. Par un privilége unique, il a comme réglé les oscillations de la fortune, en interposant son équité pondératrice entre les excès de la victoire et l'accablement des revers.

Plusieurs années s'étaient écoulées depuis le véhément réquisitoire que l'avocat renvoyait au ministère public, lorsqu'une révolution, appréhendée par les uns, désirée par les autres, prévue par tous, emporta la dynastie de Juillet sur la fatale route où se succèdent depuis un siècle tant de convois de souverains. Le généreux orateur, oublieux dès lors de ses griefs, et touché seulement des droits de l'infortune, avait élevé la voix, une voix impartiale et fière, pour flétrir, à la tribune législative, une proposition de confiscation contre la dynastie tombée. Le projet s'affaissa sous le poids de cet anathème. Il reparut pourtant, on crut le reconnaître du moins, sous une forme d'emprunt, à l'aurore d'un nouveau régime qui affichait l'intention de rompre avec les errements de la Révolution. Les princes d'Orléans, menacés dans leur patrimoine héréditaire, donnèrent à M. Berryer le plus noble témoignage que la probité jointe au talent puisse ambitionner. Comme jadis M. Ouvrard, le client venu à lui dans l'affaire des marchés d'Espagne, ils se couvrirent d'une parole dont ils connaissaient la vigueur par leurs mésaventures personnelles. Assisté d'un confrère, Mᵉ Paillet, dont le talent insinuant et cultivé a laissé des souvenirs de rare perfection, Mᵉ Berryer repoussa, avec l'autorité de son indépendance et l'élan communicatif de son indignation, un déclinatoire qui soustrayait le litige aux tribunaux ordinaires, pour placer peut-être l'appropriation, faite au nom du gouvernement, en dehors de toute contradiction, de tout contrôle. Les deux plaidoiries rivalisèrent d'éloquence. Mᵉ Paillet arracha des applaudissements, lorsque s'arrêtant un instant, au terme d'une argumentation victorieuse, il parut radieux de l'évidence qu'il avait fait luire, et, les yeux fixés sur les juges, l'accent ému et pénétrant, attesta qu'on trouverait toujours en France des magistrats pour faire respecter le droit, comme des avocats au barreau, pour le défendre. Mᵉ Berryer accrut encore l'effet de ces paroles dans une puissante réplique, glorifiant la tâche qu'il venait remplir comme la récompense et l'honneur de sa vie entière, adjurant la magistrature d'affirmer, par un acte viril d'indépendance, les traditions qui avaient fait l'objet de sa jeune admiration, et seraient encore, au déclin de la vie, son dernier vœu, sa suprême espérance. Le jugement

fit à cette magnifique éloquence l'honneur qu'elle méritait. Le second Empire lui-même eût pu en tirer quelque
avantage, en montrant que, plus qu'à Berlin, on était sûr
d'avoir des juges à Paris.

En rapprochant, par la similitude des noms comme par
le contraste des fortunes, deux causes séparées par tant
d'événements, nous n'avons pas oublié les états de service
intermédiaires. Du reste, les grandes affaires plaidées par
Berryer dans cet intervalle sont rares. La tribune, d'autre
part, attira moins souvent le grand orateur dans les dernières années de Louis-Philippe. Attentif à l'orage qui se for-
mait, il semblait, par moments, s'isoler de la lutte, comme
s'il eût senti que sa voix ne pourrait rien dans le drame
mystérieux, qui allait se dénouer par une chute. Il suivait
pourtant assidûment les débats de la Chambre, et prenait
encore la parole toutes les fois qu'un intérêt supérieur eût
souffert de son silence. C'est ainsi qu'il bravait l'impopu-
larité des préventions et de la haine, en réclamant, presque
seul, en 1845, contre le projet qui menaçait les corpora-
tions religieuses. Quand la crise finale eût amené la catas-
trophe, et que la société éperdue eût, cette fois, le bon
esprit de se réunir aux pompes, selon un mot connu (1),
le suffrage universel, à ses débuts, donna des espérances de
sagesse, en envoyant M. Berryer sur le théâtre où se prépa-
rait un si grand travail de reconstruction. Elu membre de
l'Assemblée constituante, puis de la Législative, par plusieurs colléges électoraux, son influence ne fit que grandir

(1) Mot de M. Thiers.

sur l'antique scène, renouvelée par de nombreux et parfois
d'admirables acteurs. La présence, nouvelle pour lui, d'un
auditoire sympathique donnait à son lyrisme monarchique
des accents de la plus entraînante beauté. Membre de la
plupart des commissions, rapporteur dans les questions les
plus difficiles, notamment celle du budget, chef avoué
d'une grande partie de la Chambre, écouté, respecté, presque
obéi des dissidents, quel rôle M. Berryer n'eût-il pas joué
dans les destinées de sa patrie? Il croyait toucher au terme
de ses espérances, lorsque son incarcération au quai
d'Orsay interrompit ce rêve d'or, le triste matin du 2 dé-
cembre 1851. Détenu avec d'autres représentants pour les
besoins d'un décevant *sauvetage*, il ferma pour la politique
cette bouche, qui devait se rouvrir seulement dix ans plus
tard devant les patriotiques instances des électeurs marseillais. Il se reprit plus vivement que jamais d'affection pour
la barre, demandant aux liens d'une confraternité hospitalière, à l'instruction des jeunes avocats, aux honneurs d'un
bâtonnat plusieurs fois renouvelé, à la charitable diffusion
de la parole et du conseil, les consolations que le sage de
l'antiquité cherchait dans le délassement des lettres. Nous
avons retracé le procès des princes d'Orléans ; il nous reste
peu à dire pour achever l'historique des journées oratoires
de Berryer. La proximité des souvenirs comme le cadre
étroit de cette étude nous imposent d'ailleurs l'obligation
de faire peu d'emprunts à cette nomenclature de succès.

Si honorable que fût la clientèle des princes dépossédés,
ce n'est pas celle peut-être que Berryer affectionna le plus.

« Né dans les classes moyennes, fils du travail de son père et de son propre travail, » ainsi qu'il en a fait souvent la profession publique (1), le champion des rois, l'émule des vieux preux n'oublia, pas plus que Chauveau-Lagarde ou Bellart, ses liens d'origine, et c'est une justice obtenue de ses adversaires, qu'il n'a jamais fait défaut aux intérêts du peuple laborieux (2). Il connaissait les besoins des classes souffrantes, il prêtait l'oreille à leurs plaintes, il encadrait le plan de leur réorganisation dans les magnifiques formules de son programme monarchique. Les ouvriers le savaient, et ils lui donnèrent, à l'occasion, mieux que l'encens trompeur des ovations, ils lui apportèrent le témoignage de leur confiance et de leur recours dans le besoin. Quiconque eût traversé, dans ces dernières années, le cabinet de M. Berryer, ce cabinet dont les plus éclatantes illustrations et les plus silencieuses misères ont également foulé le seuil, aurait pu y contempler, étalées à des places d'honneur, nombre d'offrandes populaires. Il y eût vu, à côté du portefeuille de maroquin rouge, qui rappelait le procés des incendiaires de Normandie, le maître-œuvre des charpentiers, de ces compagnons-passants, prévenus de grève, et dont la reconnaissance, vingt-trois ans plus tard, suivait encore leur défenseur à ses funérailles. Puis, venait un cadeau plus récent, le magnifique exemplaire de Bossuet que les ouvriers typographes, poursuivis comme grévistes aussi, tirèrent en son honneur, dans une édition mer-

(1) Voir la séance du 8 avril 1834. Discussion de la loi sur les *Associations*.
(2) G. Bell. La *Liberté.*

veilleuse de goût, et dont les caractères, fondus tout exprès, furent dispersés après l'épreuve, comme si une ingénieuse délicatesse eût voulu doubler par la rareté le prix d'un tel trésor. En regard, et comme pour faire contraste, on eût vu le Démosthènes en argent qu'un client de haut lignage, M. de Montalembert, lui offrit, avec cette allusion fine et flatteuse : *A M. Berryer.... Quid si tonitruantem audi-risses!* M. de Montalembert, allié gênant de l'Empire, qui avait rallié sa confiance au début, s'était, après une écla-tante rupture, retourné contre ses patrons, avec cette vi-vacité mobile de zèle, qui donnait tant de couleur à son talent, mais ôtait tant de poids à son suffrage. Les tracas-series judiciaires ne lui manquèrent pas. Traduit deux fois, en 1854 et 1858, en police correctionnelle, « pour avoir dit, selon sa caustique expression, ce qu'il pensait du second Empire, » le noble pair, tombé au rang de député non réélu, fit appel au talent de son ancien collègue. S'il n'eût pas la satisfaction d'amour-propre de vaincre, M. Berryer dut pourtant éprouver quelque orgueil en voyant le trans-fuge chercher, au jour des déceptions, un asile dans la constance de son rigide improbateur.

Un contemporain, également recommandé par sa dignité élevée dans l'Eglise et par la distinction polémique du talent, devait, après M. de Montalembert dont il était l'ami, répondre comme lui devant le Tribunal correctionnel, des intempé-rances prétendues de sa plume. Le double procès (1), qui

(1) Cour impériale de Paris. — Procès de Mgr Dupanloup contre les héritiers Rousseau et le journal le *Siècle*. — Bruxelles, 1860.

lui était intenté par les héritiers d'un de ses prédécesseurs au siége épiscopal et par un journal d'épaisse clientèle, présentait à juger une piquante question de respect dû à la mémoire des morts, et à côté de celle-ci, une question vulgaire de diffamation envers des plaignants encore riches de vie. Laissant à une sommité incontestée du barreau, à son confrère, M⁰ Dufaure, la tâche de venger les droits de l'histoire et ceux de la conscience pastorale, M. Berryer se retrancha dans l'autre face du procès. Le débat s'agrandit singulièrement sous la verve expansive des plaideurs. C'était moins une querelle de détails qu'une guerre de principes. L'auditoire le sentait bien, et les avocats subissaient les premiers cette influence. Aussi M. Berryer, entraîné par la pente du sujet, laissait-il bientôt à mi-chemin l'ergotisme légal pour s'élever à la question morale, opposer nettement école à école, et laisser éclater cette terrible objurgation :

« . . . Lui ! défenseur sérieux et fidéle de la liberté !

« Ah ! messieurs, je ne veux pas rester enfermé dans le cercle trop étroit où je voulais me restreindre. Expliquons-nous à visage découvert. L'honnête, la vraie liberté est une grande et sainte chose. C'est le plus noble besoin, c'est la vie de quiconque sait vivre dans la dignité de son cœur et de son intelligence ; mais il y a deux esprits de liberté dans le monde.

« La belle et sérieuse liberté naît dans l'homme du sentiment légitime et fier qu'il a de son propre droit, et du respect non moins profond, non moins sincère, qu'il garde pour les droits d'autrui ; elle a sa force dans le discernement du bien et du mal, dans l'observation de la foi jurée ; sans fouler les lois aux pieds, elle en combat les imperfections et travaille à les améliorer ; elle marche au progrès sans bouleverser toutes les institutions humaines ; elle lutte contre toutes les iniquités, contre toutes les tyrannies sans courir à la sédition ; voilà la liberté que je défends.

« La vôtre, celle que vous voulez propager dans le monde, s'agite dans le mépris de tout ce qui lie les hommes entre eux, les sociétés entre elles. A ses yeux ne sont rien les lois, les traités, les engagements les plus sacrés, les possessions les plus anciennes, les plus légitimes, les mieux consacrées. Tous droits, toute justice doivent se courber devant la misérable autorité du fait accompli. Que deviennent la raison et la conscience? Que reste-t-il pour éclairer et gouverner les hommes? Le seul empire de la force, de la force brutale et aveugle. C'est l'affaissement de la dignité de l'homme ; vous conviez les peuples à la dégradation de l'intelligence humaine !

« Souffrez-moi cet orgueil : telle n'est pas la liberté, à laquelle je suis attaché par le fond de mes entrailles, celle que je servirai jusqu'à mon dernier jour, tant que l'âge n'aura point épuisé mes forces. Je l'ai servie, je l'ai défendue, au fort des grands événements que j'ai traversés durant ma longue carrière ; je l'ai défendue sous des rois que j'aimais, parce qu'ils l'avaient donnée à la France ; je l'ai défendue sous une autre monarchie dont le principe fut, à mes yeux, douteux et périlleux pour elle ; je l'ai défendue, comme aujourd'hui, sous la république, qui, par ses excès et ses divisions, l'a livrée au pouvoir qui a brisé nos institutions libérales. Cette liberté dont je revendique ici les droits, ma liberté n'est pas la vôtre, et je déteste la vôtre, parce qu'elle tuerait la mienne ! »

De bruyants applaudissements, juste présage du sort réservé à la plainte, couvrirent à ce moment la voix de l'orateur. C'est du moins ce que nous apprend le compte-rendu imprimé en Belgique. Peut-être la vulgarisation de ces grandes pensées, si elle eût été possible en France, eût permis d'attendre quelque chose de plus de l'admiration agissante du pays !

A côté de ce procès, soumis au régime du secret, sous la législation impériale, et d'autant plus curieux à connaître dès lors, il convient d'en mentionner un autre, analogue au premier par le rang épiscopal de l'assigné et les déclarations de principes, dont il fut l'occasion (1). La succession du marquis de Villette, si lucrative pour les héritiers, fut, pour les Annales du Palais, une non moins heureuse aubaine. Dans la série diverse des ressorts que parcourut cette affaire, M. Berryer eut l'occasion de prononcer trois grands discours. D'habiles diseurs, des maîtres réputés furent mis en présence par les intérêts complexes du litige et firent du groupe harmonieux de leurs talents une sorte d'auréole à ce talent, qui les dominait tous. On connaît la physionomie et les phases de l'affaire : un prélat respectable, institué légataire par le défunt, et accusé d'être un agent fiduciaire au profit d'un prince exilé, incapable, à ce titre, d'hériter; un exécu-

____

(1) Testament de M. le marquis de Villette. — Question de fidéicommis. M. de Montreuil contre M⁸ʳ de Dreux-Brézé, évêque de Moulins. — Paris, 1860.

teur testamentaire, l'élu même du défunt, incriminant les
intentions secrètes de l'acte, prétendant en divulguer les
confidentielles volontés, et présentant aux juges les jeunes
mains de son fils pour y faire tomber une fortune, qu'il
sentait échapper des siennes ; enfin, des collatéraux éloi-
gnés, intervenant presque à la dernière heure, alors que le
procès, déjà tranché par les juges de Clermont, en faveur du
successeur testamentaire , se replaidait devant la Cour
d'Amiens et semblait ne plus guère comporter de variation
dans les termes du problème ; sur ces entrefaites, l'arrêt
singulier rendu par les magistrats d'appel, cassé ensuite par
la Cour suprême, et repris, dans la teneur de son dispositif,
par la juridiction définitive de Rennes, qui trancha la difficulté en donnant gain de cause à l'intervention, décision qui
parut à plusieurs moins une solution qu'un faux-fuyant.
Nous n'analyserons pas le travail magistral d'argumentation, élevé de part et d'autre. Bornons-nous à détacher une
belle leçon de morale législative que donna M. Berryer à
l'esprit de sujétion aveugle au texte écrit. On remarqua,
dans le monde du Palais et au-delà encore, l'irritation acerbe
avec laquelle l'avocat (1) du demandeur prétendit poursuivre
et flétrir l'évêque qui se dérobait, à l'en croire, aux en-
traves d'une oppressive législation. M. Berryer releva de très-
haut ces témérités de circonstance. Il opposa à l'intolérant
pharisaïsme, à la morale servile, mise en cours par les lé-
gistes, la doctrine plus philosophique et vraiment chrétienne

(1) M. Marie.

que pressentait le chantre d'Antigone (1), quand il rappelait
ces fautes héroïques, que peut bien frapper la tyrannie
embusquée sous des décrets insidieux, mais qui sont ab-
soutes au livre de vie, à ce Code éternel de toute justice, d'où
seul découle la sanction des lois d'ici-bas. Il représentait
en même temps que la loi de 1832, arme de circonstance
aux mains du pouvoir politique, ne se soutenait plus après
tant de mutations, et ne pouvait servir de titre aux prétentions privées, dès lors que le Pouvoir répudiait son privilége.
Il achevait en démontrant qu'il manquait à cette inspiration des passions du moment les vrais caractères de la loi :
le calme, l'équité, la possibilité d'application, et sa mémoire émue lui rappelait alors l'admirable apostrophe, qui
fit tressaillir jadis l'auteur même du projet, M. Bricqueville,
et ranima chez un talent mourant un magique éclat de vie :

« Les révolutions, disait M. Berryer, les lois politiques,
mettent aux mains des gouvernements des prohibitions, des
pénalités, des facultés extraordinaires, dans ce qu'on appelle
l'intérêt général, mais il est injuste et interdit aux simples
citoyens de s'en prévaloir dans leur intérêt privé. Il est honteux et odieux de leur part d'en solliciter l'exécution. Ah !
Messieurs, je crois entendre encore l'éloquente voix de Martignac, s'adressant à l'auteur de la loi de 1832 : « Vous voulez
leur interdire notre territoire, mais si l'un d'eux venait
frapper à votre porte, vous-même lui feriez de votre demeure
un inviolable asile ! »

« Non, non, ce n'est pas là la loi proprement dite, dont

(1) Soph. V. 439-468. Ce passage célèbre est rappelé par Aristote (Rhétorique,
1, 13. 15) et imité par Cicéron, *pro Milone*, chap. IV.

la fixité et la généralité sont les termes essentiels, obliga-
toire pour tous, attributive des droits privés, et régulatrice
entre les citoyens de leurs intérêts, de leurs obligations, de
leurs prétentions respectives. »

Nous touchons, Messieurs, au terme de cette carrière, si
vaste à parcourir, et cependant la verdeur du talent est si
tenace, chez Berryer, que la puissance oratoire, cette faculté
composée de tant de dons divers, et aussi lente à venir que
prompte à disparaître, se perpétue chez lui, à un degré
intense, et semble l'élever au-dessus des lois communes, au
point qu'il ne paraisse plus tributaire du temps. De son
vivant s'est réalisé ce *diuturnum œvum*, qu'on ne promet
le plus souvent qu'à une tombe et à un nom ! Nous aurons
achevé d'effeuiller les dernières couronnes de sa vieillesse,
quand nous aurons mentionné l'affaire dite du *Couvent
de Picpus*, dans laquelle il jeta le rayonnement de son
éclatante éloquence sur de silencieux et obscurs dévoue-
ments, louant dans une Communauté hospitalière la vie
religieuse en général, exaltant ses merveilles d'abnégation
et d'obéissance ; l'affaire *Jeufosse*, dans laquelle il reven-
diqua, pour la sollicitude maternelle, le privilége de défense à main armée, que la loi accorde au gardien d'un
trésor contre le ravisseur par escalade ; le procès *Pat-
terson*, où M. Berryer troubla, une fois encore, par d'im-
portunes leçons, le repos des puissants du jour ; et, pour
terminer par un souvenir local, cette question des vais-
seaux napolitains, qui avait ramené peu auparavant le député
septuagénaire au milieu de ses électeurs, et qui nous permit

d'admirer, comme les auditeurs des anciens jours, une méthode large et sûre, une argumentation ennemie des détails, de magnifiques alternances d'expansion ou de silence, et jusqu'aux éclats toujours puissants de ce pathétique inimitable, qui frappait jadis les assemblées d'enchantement et de stupeur ; privilége divin, don incommunicable, dont M. Berryer trouvait les éléments dans l'accord spontané de facultés de choix, mais qui avait son principe dans une sensibilité profonde, comme l'éloquente vertu de la corde musicale réside moins dans la richesse ou la qualité du son, que dans l'âme inspirée et l'émotion communicative, dont le doigt, par instinct, subit l'entraînement !

Et maintenant, Messieurs, après cette énumération des luttes oratoires de Berryer, après ce panégyrique tiré des actions mêmes, unique moyen, selon la Sagesse, de louer les grands hommes, faut-il, par une sorte de contre-épreuve à ce jugement, rapprocher les divers suffrages, qui sont venus, du vivant même du maître, bien avant l'heure des tardives justices, consacrer pour jamais sa mémoire et ses leçons? Faut-il rappeler comment l'Académie sut reconnaître l'honneur que faisait aux lettres ce génie mâle et cultivé, en l'appelant dans ses rangs, occasion qui révéla un si beau talent d'écrire chez le récipiendaire, confus de ne savoir, disait-il, que parler ? Faut-il, à ce propos encore, mentionner les diverses préfaces, que demandèrent à sa plume, pour servir de brevet à de nouveaux ouvrages, les éditeurs, avertis par leur instinct industriel de ses aptitudes ? Nombre de vous, Messieurs, ont fait partie de cette

fête de famille, dans laquelle le Barreau marseillais reçut
Berryer comme un des siens. Vous vous souvenez de l'accent particulier d'affection, avec lequel l'illustre convive rappelait les liens qui l'unissaient à cette ville, et cela dans une
réponse entrecoupée, prononcée à demi-voix, ressemblant
moins à un discours qu'à une effusion de l'âme. Notre
Conseil devait bientôt prendre part à une manifestation plus
grandiose, qui groupait cette fois autour d'un banquet de
cinquantaine tous les barreaux de France et même ceux des
pays étrangers, jaloux d'envoyer des représentants à cette
solennité cosmopolite. L'ancien stagiaire de 1811 présidait
cette fête, entouré et comme rehaussé par le pompeux cor-
tége des illustrations de tous les pays. Sa tête blanchie, qui
portait si vaillamment la royauté de l'âge, semblait plier
sous la couronne, qu'avant de le quitter son siècle lui
offrait. Le barreau anglais, entre autres, représenté à la
cérémonie par un vieil ami de Berryer, l'éloquent défenseur
de la reine Caroline, lord Brougham, était venu sur notre
propre sol faire hommage-lige à cette gloire, qu'un autre
homme de loi du même pays, Mr Hudleston, devait, sur
la tombe du grand homme, revendiquer comme le patrimoine de tous les barreaux. Ces démarches, si étrangères
aux habitudes britanniques et ménagées avec un si grand
prix, avait été précédées, quelque temps auparavant,
d'un voyage triomphal de M. Berryer en Angleterre. On
y avait vu, à l'arrivée de cet avocat, reçu en Souverain,
les Cours du royaume suspendre leurs séances, la magistrature, suivie du barreau, se porter en corps au-devant de lui,

et l'inviter à un banquet, où le représentant de la justice, l'attorney-général lui-même, n'hésita pas à lui rendre cet hommage, doublement remarquable dans la bouche d'un citoyen anglais et d'un compatriote d'Erskine, « qu'on ne saurait trouver dans aucun pays un barreau plus illustre à juste titre que le barreau français, et que jamais il n'y avait eu un homme plus honnête, plus éminent que M. Berryer. » Sans doute, notre illustre confrère, si pieusement attentif aux souvenirs paternels, se rappela ce jour-là le précédent de famille, qui avait, nombre d'années auparavant et sur le même sol, rendu M. Berryer père l'hôte honoré d'un semblable festin. De même, l'éminent chancelier d'Angleterre, assistant, un an après, au banquet de 1867 à Paris, dut se rappeler la cérémonie semblable faite à pareil anniversaire, en 1767, en l'honneur d'Erskine, son prédécesseur, lorsqu'il vint recevoir en France l'ovation préparée à son talent, déjà célèbre au delà du détroit.

Mais qu'importent ces souvenirs, poignants encore à l'âme des proches, insuffisants à consoler l'amour-propre des amis? Quand nous aurons, en effet, glané tout à notre aise dans les archives patrimoniales de Berryer, quand nous aurons raconté tout ce qui lui fut personnellement rendu d'hommages, le culte d'affection porté à sa vieillesse, la fièvre d'inquiétude avec laquelle la France entière attendait les bulletins de sa dernière maladie; quand nous aurons compté les fleurs jetées sur sa tombe, au nom de toutes les Majestés d'ici-bas : la Religion, la Justice, l'Exil, de la main de toutes les classes, dans cette solennité funèbre présidée par un évêque, où le soldat coudoyait l'homme de robe, où l'aristocratie de vieille race prenait confusément le pas à côté des corps ouvriers; quand nous aurons ainsi réuni les rayons épars de sa gloire pour en faire, comme au Tasse, une couronne à sa statue, eh bien ! notre œuvre alors sera encore incomplète. Il manquera un fleuron à cette couronne, un trait à cette physionomie, uné moralité au récit de cette existence. M. Berryer a prononcé le premier mot de ce discours. Achevons-le sur une autre de ses paroles.

C'était en 1844. L'ancien élève de Juilly présidait une distribution de prix dans cette même enceinte vers laquelle le ramenait l'attrait des jeunes souvenirs, et où sa paternelle éloquence commentait ce jour-là ce que sa présence en ce lieu avait déjà de saisissant (1). Après avoir laissé à la jeunesse, qui lui avait succédé sur les bancs, quelques conseils d'art et d'étude, comme son goût éclairé lui en offrait un choix heureux, il crut devoir la prémunir contre de prochaines épreuves, et il lui redit ces paroles, qu'il aimait à citer de mémoire (2), et qu'un grand magistrat au Parlement de Provence, Guillaume du Vair, adressait aux jeunes hommes de son temps, peu avant que les portes de Paris ne s'ouvrissent à Henri IV :

« J'ai flotté au monde en de grandes et dangereuses tourmentes ; elles ont agité mon âme, mais elles ne l'ont pu, grâces à Dieu, renverser. . . .

(1) *Journal des Villes et Campagnes*, 1er septembre 1834.
(2) Lettre d'Augerville du 15 oct. 1860.

« Je voudrois bien, à mon dernier souspir, faire **encore** quelque service au public ; mais, n'en ayant aucun **autre** moyen, je me retourneray vers vous, qui estes de mes meilleurs amis et des siens, et, pour le bon office que je puis rendre à une si sainte amitié, je vous conjureray que, puisque vous demeurez icy pour clorre la fin d'un misérable siècle, vous affermissiez vos esprits par de belles et constantes résolutions. Les âges passés ont vu peu de misères et calamités que vous ne puissiez voir en nos jours. . . . .

« Souvenez-vous, lorsque vous êtes homme et que **vous** êtes Français, que votre courage ne s'enfuie pas avec **votre** bonheur. Fichez-vous au droit et à la raison, et si la **vague** a à vous emporter, qu'elle vous accable le timon encore à la main. . .

« Vous sçaurez bien toutefois tempérer par prudence ce qu'une obstinée austérité ne feroit qu'aigrir et empirer, et suivre le destin sans abandonner la vertu. . . (1). »

On ne sait si l'auditoire restreint, auquel s'adressaient ces paroles, s'en pénétra assez pour les mettre à profit. Ce qu'il y a de certain, c'est que trop d'hommes, appartenant à la génération de cette époque, ont déploré d'avoir suivi d'autres leçons. Pour nous, venus aussi dans des jours de tourmente, ne laissons pas tomber l'enseignement, qu'a négligé une frivole insouciance, et dont de nouveaux mécomptes sont venus depuis lors nous confirmer le prix ! Quel poids acquiert le conseil du vieux garde des sceaux,

____

(1) *De la Constance et consolation ès calamitez publiques.* — Voyez la *Biographie de Guillaume du Vair,* par **M.** Milanta .

passant par la bouche et l'exemple de Berryer! Lui, du moins, le noble orateur, il n'a pas à assumer sa part des responsabilités contemporaines. Défenseur convaincu d'un principe proscrit, né à la vie politique la veille du jour où s'effondrait la monarchie qui avait sa foi, il a noblement porté son précoce veuvage, il s'est isolé dans le deuil de sa douleur, il en a appelé à la justice longanime de Dieu des aberrations passagères de l'homme. Imitons cette foi, Messieurs, sous quelque forme que le droit nous paraisse méconnu. Hommes de la loi, invoquons le jour des réparations inévitables! Armons nos convictions de force et de courage, pour rester inébranlables aux sophismes du succès! Que de fois le *féal serviteur* eût-il pu avancer le terme de ses disgrâces! Que de fois eût-il pu échanger contre de royales faveurs ce rôle de prophète d'Israël, pleurant sur des races exilées au milieu d'un peuple infidèle! L'exercice du pouvoir eût peut-être accru sa vivante influence; il eût diminué l'autorité posthume de son nom. Combien il rayonnera plus dans l'isolement des Cours qu'au faîte envié de la puissance! Combien M. Berryer est plus beau à contempler, couvrant, au jour des revers, sous les plis de sa toge d'avocat, les princes devenus ses clients, que se confondant lui-même dans les rangs de leur éphémère clientèle! Ce prestige, attaché à sa mémoire et destiné à grandir avec les années, l'illustre avocat en a eu l'avant-goût avant de mourir. Il en a joui avec une fierté modeste, comme d'une réparation de ses contemporains envers les injustices du sort. Puis, quand les avertissements suprêmes de la maladie ravirent son esprit aux pensées de ce monde, quand il dut dire adieu au fantôme de la gloire, cette gloire dont son siècle avait été prodigue envers lui, et dont les témoignages se pressaient autour de sa couche d'agonie, quel renoncement, quel dédain des honneurs, quelle admirable lutte avec la souffrance ! C'est ainsi qu'il est tombé entre les mains du juste Juge, « le seul, a dit une éloquente voix (1), qui l'ait jamais intimidé ». L'Eglise, à laquelle il tenait par des liens tant de fois affirmés, consola ses derniers moments, calma ses repentirs, publia son éloge, honora sa tombe ! Puisse cette tombe muette perpétuer, par l'exemple qu'elle nous propose et les sources d'inspiration qu'elle contient, les enseignements de cette parole, la plus puissante qui ait retenti de nos jours ! Puissions-nous, hommes du jeune barreau, formés aux leçons du maître, dociles aux traditions de sa vie, donner à l'élu de Marseille, pour le talent peut-être, pour le caractère à coup sûr, une postérité digne de lui !

J'ai fini, Messieurs, et, convaincu une fois de plus par l'épreuve de cette lecture, de l'insuffisance de mon œuvre, je suis tenté d'en reporter le tort sur le hasard, qui a fait jeter les yeux sur moi, parmi tant de collègues à même d'élever au grand homme un digne monument ! Que ne pouviez-vous attendre, entre autres, des deux avocats, auxquels un suffrage, doublement flatteur, voulut bien l'an passé

(1) Mgr Dupanloup. — Berryer, *Hommages rendus à sa mémoire*, p. 46.

associer mon nom? A leur défaut, si le sujet a trahi le narrateur, qu'il nous soit permis d'abriter sous une autorité puissante le choix irréfléchi de notre admiration!

Vous vous rappelez tous, Messieurs, le morceau de haute critique, par lequel M. Clapier inaugurait, il y a deux ans, à pareil anniversaire, les enseignements de son long bâtonnat. Vous avez encore présente à l'esprit cette belle revue des chefs-d'œuvre antiques, analysés avec la chaleur de goût et la verve pénétrante que donne une prédilection ancienne et passionnée. Ce discours, dont la forme comme le fond était un hommage rendu à l'inspiration des lettres, amenait progressivement l'auteur à examiner les conditions de la moderne rhétorique et la méthode suivant laquelle il fallait, de nos jours, emprunter aux vieux modèles. Au point de jonction en quelque sorte entre la tradition classique et les procédés de l'art nouveau, notre bâtonnier rencontrait la personnalité éclatante de Berryer. C'était l'occasion pour nous d'un rapide tableau de son éloquence, retracée avec la chaude coloration du souvenir. L'éloge avait un double prix dans la bouche d'un maitre, dont les doctrines politiques avaient fait, à la tribune, un adversaire de Berryer, mais que tant de qualités diverses, l'entrainement de l'action notamment et la variété inépuisable du débit, révélèrent dès longtemps au barreau comme un des émules les plus heureux d'une inimitable manière. Notre étude est née en partie de cette inspiration. Fort heureusement, la postulation de notre ex-bâtonnier a porté d'autres fruits, qui lui font plus d'honneur. Qui de nous n'a senti l'intérêt de ces aperçus neufs et profonds qu'ouvrait notre Président dans la sèche vulgarité des sujets rebattus? Qui n'a applaudi aux instructives digressions, par lesquelles il reposait l'attention en la changeant d'objet? Qui n'a enfin entendu vibrer l'accent de l'artiste parlant de son art, dans ces chaleureuses exhortations à l'étude, dans ces félicitations prodiguées aux moindres apparences du talent? La Conférence, qui est un legs changeant annuellement de main, arrive ainsi, par l'amendement continu que lui apportent ses gérants, à rendre moins pénibles d'année en année la tâche et l'effort des nouveaux bâtonniers.

L'avocat éminent, qui recueille aujourd'hui cet héritage, un peu diminué par les réquisitions de guerre, saura bien, en peu de temps, en réparer les brèches, et en accélérer encore le progrès. Son expérience consommée des affaires, sa grande position au Palais, à la barre commerciale surtout, nous sont un gage du succès avec lequel il rompra nos jeunes esprits aux difficultés de la pratique. Nous avons pu également mesurer le degré d'affection, l'élévation d'esprit et de pensée, qu'il apportera à son œuvre, en entendant naguère l'éloquent adieu qu'il adressait à un de nos confrères du stage, prématurément ravi à sa famille et au Palais.

La mort si douloureuse de M. Mathieu n'a pas été, depuis un an, la seule perte du barreau. M. Blanc (d'Allauch), avait précédé dans la tombe le jeune avocat ; mais, plus heureux que lui, il avait achevé une journée que celui-ci commençait à peine. La longue carrière de M. Blanc nous laisse un exemple à méditer: celui de l'accès que le barreau donne aux plus modestes d'origine pour s'élever à la notoriété par l'intelligence et le travail.